新潮新書

中野信子　三浦瑠麗
NAKANO Nobuko　*MIURA Lully*

不倫と正義

949

新潮社

はじめに

中野信子

三浦瑠麗さんはとにかく目立つ人で、容姿の美しさがまず人目を惹くのだが、むしろ強いインパクトを与えるのはそのユニークなコメントだろうと思う。

私とは、大学こそ一緒だけれど専門分野も異なり、関心領域にもどうも重なるところが少ない。互いに自分の好きな方向のベクトルをそれぞれに持って、あまり干渉し合わずに仕事を進めている感がある。

もちろん、別々の人間であれば誰であろうと、「どの意見も完全に一致する」ということは論理的にあり得ない。あるとしたらどちらかが妥協して、あるいは心的負担というコストをかけて、関係性を優先することを主たる目的に、自分の意見をゆがめている可能性が大いにある。けれど、そんなことをしなくても、互いに違う意見を持っているからこその面白さ、刺激、また内省につながる発見を得られるという喜びを味わえる能力自体が、知性というものだろう。三浦さんは、違う意見を持っていることを豊かさと捉え、是とできる人であると思う。

世の中で話題になっている問題を淡々と腑分けし、冷静にコメントする姿が印象的な三浦さん。彼女の切り返しの妙を見聞きするのが楽しみでTVをつける人も多いのではないか。一風変わったロジックで場を盛り上げるのが彼女の持ち味でもあり、時には挑発的に見えるコメントも果敢に発していく。

何より私と違う点は、私が極めて怠惰であるのと対照的に、三浦さんはあらゆることに手抜きをしない、まじめな努力家であり、しかもその努力や舞台裏を人にはあまり見せないというところだろうと思う。些細な日常の一場面も美しく整え、ライフスタイルの発信にも手を抜かず、何事にも行き届いた配慮をしている。これは、私には逆立ちどころか何度生まれ変わっても絶対に真似できないだろう。自分でこういうことを言わなければならないのは実に恥ずかしいことだが、私はもう、使う労力は極限まで減らしたいのである。怠惰という言葉をもし人間の形にするとしたら私以外にはいないだろうというくらい、可能な限りエネルギーを使わず、エコに過ごしたい。明日できることは、今日やりたくない。

これはポリシーというような高尚なものではなく、単に体力がないのである。体力がないというのは、脳も体の一部であるので、つまり脳にも体力がないのである。いわば、努力のできない脳なのだ。言い訳がましいが、遺伝的にほぼ決まっている資質だから仕方がない。この、努力のできない脳というのは、わかりやすいインセンティブがなければ、まったくやる気を出してくれないという脳であり、それと連動する形で体もぜんぜん動いてくれないのである。努力できる脳の人にとっては1のハードルを越えれば済むようなことでも、努力できない脳のタイプにとっては10の負担に感じられる、というほどの違いがあると思ってもらえば当たらずとも遠からずであろう。

そうした違いのある我々ではあるが、一方で、恋愛に関する話題については意見の一致する部分があり、かなり面白いと感じた。彼女は冷静で淡々としているように見えながらとても情緒的な面も持ち合わせている。そして意外にも、それをあまり隠そうとはしていないようでもある。

人間の自然な感情を、非合理的な社会通念で不必要に縛るのはナンセンスではないだろうか。こうした問題提起を、個人の事情やルサンチマンといったものを離れて、社会に一石を投じてみるつもりで書籍化するのは非常にエキサイティングで面白い試みであると思った。

　本書を手にされた皆さんが、時間依存的に変化し続ける倫理や社会通念によって思考停止させられることなく、これから先のあなた自身の生を救う一助として、本書を活用していただけたら望外の喜びです。

不倫と正義†目　次

はじめに　中野信子　3

第1部　不倫とバッシング　11
増える不倫／バッシングの過激化／性行動を分ける2つの脳のタイプ／仕事ができる男ほど浮気する？／「稼ぐ人」は「ばらまく人」か／脳も違えば制度も違う／不倫の「定義」／どこからが不倫か／ねたみと嫉妬の違い／脳が感じる愛着の場所／嫉妬の個体差／不倫のメリット／「寝取られ」のロジック／複数愛は可能か／妥協としての「一夫一妻」／不倫の「罪」／バッシングの土台は「道徳感情」／社会的制裁と報道／「愛の終わり」への恐怖

第2部　男と女の性と権力　77
よい恋愛に必要なもの／家では男尊女卑、外ではリベラル／家庭環境による反復／権力欲と性／性的同意と紅茶／女が性的に奔放になる理由／格差は残る、家族は変わる／男の「殺気」／女としての防御の仕方／愛とセックスは切り離せる／パートナーは「帰る場所」か

第3部　結婚の罪　119
結婚の4階建て構造／家族のかたちと社会の意識／日本の結婚制度、うまくいってる？／遺伝子プールが「家を守る」／姦通罪に驚く今の子／社会の「あるべき論」／結婚制度で守られているのは誰か／遺伝子を残せた男の数／結婚の「お得さ」／夫婦長続きの法則／フェムテックのもたらすもの／結婚と老後／なぜ結婚するのか？／男が人妻に言いがちなこと／グレートリセット／日本人の一般的信頼／「脱出可能」な女と「脱出不能」な男／夫婦別姓の問題点／男の「逃げ場」

第4部　不倫の「倫」　201
「倫」とはなにか／価値観調査に見る日本／恣意的な「倫」／モラルの基準／「倫」は必要か／もし中野信子と三浦瑠麗が不倫したら／一夫一妻制は女も守る／一度の結婚で人生足りるのか／想像もダメなのか／倫理の網の目

おわりに　三浦瑠麗　248

第*1*部　不倫とバッシング

増える不倫

中野　ここ10年くらいですかね。不倫が原因でそれまで活躍していた世界を去ることになったり、謝罪会見をすることになったり、いわゆる「世間」から指弾されて社会的制裁を受ける有名人が増えた気がするんですよね。

三浦　そうですね。

中野　それってなんでなんだろう？　というのが私にはずっとあって。不倫はもちろん、配偶者から訴えられれば法的な問題になりますけど、姦通罪があった昔とは違って今は違法行為ではないですよね。コンプライアンス意識が強くなったとか、ネット社会で相互監視が厳しくなったから見つかりやすくなったとか、いろいろな要素があるとは思うのだけれど、なぜそんなに不倫が注目されるんだろうと思ってたんです。

三浦　一方で、不倫をしている「有名人でない人」はけっこう多そうですが。

中野　あはは。そうね。昔ながらの既婚男性と若い未婚女性という組み合わせもあれば、W不倫もあれば、既婚女性と若い男性の組み合わせもある。職場内不倫もあれば、かつての同級生や恋人との焼けぼっくい不倫もあれば、出会い系での不倫に幼稚園や保育園の送迎から親同士や先生と発展する不倫なんてのもあるらしい。パパ活、ママ活といった金銭を伴う関係までを不倫と言っていいのかわからないですけど、出会いの数だけ不倫があると言ってもいいくらいに思いますし、「実際にはすごく多いんじゃない？」というのが実感なんですよね。それなのに、有名人となると社会的地位を失うまでに叩かれる。

三浦　2020年の「ジェクス」ジャパン・セックスサーベイによれば、現在パートナー（恋人や結婚相手）以外の人とセックスをしている割合は、セックス経験者のうち男性の41・1%、女性の31・4%にのぼったそうです。すべてがいわゆる「不倫」というわけではありませんが、想像より多い数字ですよね。20～30代が高いので、付き合っているカップルの状態での「浮気」が多いんでしょうけれども。一方で、パートナー以外としたことがないと答えた人は60代女性が最多で70・2%。年代もありますよね。私たち以下の世代で不倫したことがある人の比率は実はこの数字とそんなに変わらないんじゃないかと思います。

中野　ですよね。だからなおさら思うんですよ。なんだろうこのギャップはと。私は脳科学者ですから、脳科学的に考えれば不倫しやすい人がいたり、実際にしてしまう脳の仕組みがあること、あるいは人が人を非難するときになぜ快感を覚えるかといったことも理解できる。でも、実際にしている人が多い割に、非難の声があまりに大きいように思えるんですよ。そのギャップが気になっていて、これは瑠麗さんとお話してみたいなと思ったんですよ。私とは別の角度から人間社会を俯瞰して見てる国際政治学者の瑠麗さんなら、社会的、文化的側面から解説してくれるんじゃないかって思って。

三浦　いやいや、恐縮です。私はよく「不倫を擁護するな」って叩かれるんですけど、違法行為でもなし、擁護も否定もする気はないんですよね。かといって、ロマンティックな見方を持っているかというと、そうでもない。そもそもそれ以前に、なぜ他人様の家庭に口を突っ込むんだ？　と思って報道に不快感を示すコメントをしたりします。でもそういうことを口にすると「不倫を擁護するのか」「お前も旦那に不倫されてみろ」などと言われる（笑）。

中野　そういう人って瑠麗さんが不倫する可能性は考えないんですかね？

三浦　そうねえ。不倫は男がするものだっていう社会通念があるんでしょう。ただ、興味深いのは、それぞれはどこまで正確な数字かわからないですけれど、働いている既婚女性の方が専業主婦よりも不倫している率が高いという各種アンケート結果があること。不倫する女性の圧倒的多数は「働く女性」だということですよね。

中野　そういうことになりますね。

三浦　最近言われている不倫の増加は、女性の社会進出と密接に関係があるんではないかと私は思っているんですね。女性の地位が上がって、ある程度男女が経済的に対等になったり、場合によっては格差が逆転したりということにも関係があるんではないかなと。

専業主婦は望むと望まざるとにかかわらず、夫の収入に依存せざるを得ません。一方で、結婚したら専業主婦という道も選べる、という経済的に余裕のある男性と結婚できる人の割合はどんどん少なくなってきています。働く女性に自由度が生まれたというだけでなく、結婚にオールインできるという楽観もそこなわれた可能性がありますね。既婚男性が浮気をしても、妻は養われながら貞淑に家庭を守る、というモデルは成立しにくくなっている。私たちがなんとなく「最近、女性の不倫が増えてない？」と思っているのはあながち的外れでもないんではないかと思います。

バッシングの過激化

中野　その一方で、「不倫騒動」は相変わらず多いですよね。あえて名前は挙げませんが、何かというと報道されている。

三浦　多少の知名度があれば、本来プライバシーにあたるものが報じられてしまうのが今のメディアですよね。週刊誌報道の内容に多少脚色や不正確な部分があっても、褒められた行為ではないがゆえに反論すればするほど傷口が広がる。従ってほとんどの人がプライバシー侵害で訴えずに泣き寝入りしています。まあ、ある意味「書き放題」ですよね。

中野　イメージダウンして仕事は外され収入は減る、ＣＭは降ろされて違約金は払わねばならない、出演していた番組は放送中止になって関係各所に迷惑がかかる……ミュージシャンならコンサートに出られなくなるし、俳優が映画に出ていれば下手すればその映画はお蔵入り、というそこまでの社会的、金銭的制裁を受けながら、あげく復帰もできないという人もいるわけですよね。あまりに「世間」と「有名人」で受ける反応が非対称です。

三浦　職場不倫がバレれば、会社に懲戒解雇はされないにせよ、配置転換されてしまうことはありうるでしょう。でもそこまでの「社会的制裁」は受けない気がしますね。もちろん、パートナーから離婚されたり、慰謝料を請求されたり、さまざまな人間関係がおかしくなるということはあるでしょうけど、それはあくまで「私」の部分ですよね。

中野　もちろん、イメージを売ることで報酬を得ている芸能人の場合、不倫に代償が生じるのはやむを得ないんでしょう。夫婦円満、家庭的なイメージでCMに出演している俳優さんとかね。CMを降ろされても仕方がないかもしれない。だけど政治家だったら政治、ミュージシャンだったら音楽、お笑い芸人だったらお笑い、みたいな本業にまで差し障りが出るとなると、それはどうなんだろうとは思います。

三浦　芸人さんがスキャンダルを起こした場合、「笑えないなあ」というのはあるかもしれないですけど、でも「あいつが番組に出てると不快だから出すな」とかとなるとね、ちょっとヒステリックすぎないかなと思いますよね。昔の〝不倫スキャンダル〟は夫の浮気を妻が「芸の肥やし」として認めるパターンもありましたけど、今ではちょっと考えられない。仮に平穏を守るために奥さんが我慢するという選択肢をとりたくとも、世間にバッシングされるので婚姻関係が壊れてしまう事例だってありえます。

中野　歌舞伎役者なんかずーっと歴史的にそういうことが許容されてきた土壌があったと思うんですけど……現代はどうも、ちょっと、芸能を生業とする人には大変だなと思いますね。噺家さんとかもすごくもったいないなと思う。いろんな女性とおつきあいしたほうが芸のためにはいいこともあるでしょう？　そういうチャンスを奪われているとも言えるし。

三浦　不倫の善し悪しは脇に置いて、短期的な関係の積み重ねをストレスに感じず、それを肥やしにするタイプの人たちも世の中にはいるわけですよね。だけど社会的には、そういう人々はノーマルからの逸脱として罰を受けやすい状況になっているという感じはしますね。

中野　そもそも芸能をやる人はノーマルから逸脱してるもんなんじゃないのかって思うところもあるんですけどねえ。

　ちょっと前に話題になったオリンピアンの不倫報道でも気になったことがあって。

三浦　どんなことですか。

中野　いくつか情報番組で「順風満帆な人生過ぎて調子に乗って不倫をしたのではない

か」といった指摘があったんです。でも私が思ったのは、「そもそも、調子に乗ると人は不倫するのか？」という疑問で。

三浦　人間、その時調子に乗っているかどうかで不倫するものなのかと。

中野　別の不倫報道でもやっぱり、「調子に乗っていた」みたいな言われ方をしていたんですよね。あるいは、「あんなにできた奥さんなのになんで？」と。それを聞くと女からしてみると「なのに」ってなによ？　って思いません？（笑）。じゃあ「できた奥さんじゃなければ不倫してもいい」ということになるのか？　とかね。世間の反応は私にしてみたら疑問だらけなんですよ。

性行動を分ける2つの脳のタイプ

三浦　中野さんはすでに不倫で1冊本を書いてらっしゃいますよね（『不倫』、文春新書、2018）。人はなんで不倫をするんですか？

中野　詳細はそちらの本に譲りますけど、前提としてまず申し上げておきたいのは、一夫一妻型の種って哺乳類では3〜5％とされているんですね。そもそも圧倒的に少数派なんです。その上、多くの人が誤解していると思いますが、人間は生物としては一夫一妻型ではないんです。一定の発情期もないから、いつでもパートナーを探すことができる。そして、同時に複数のパートナーを持つことが可能な脳を持っている。一夫一妻型の種ではそれができません。

人間が、決まったパートナー以外のパートナーを探すという仕組みに関しては、複数の遺伝的な素質が関わっているので一概には言いにくいんですけれど、ある脳内物質に注目して、複数のパートナーに目移りしやすいタイプか、そうでないかの2つのグループに分けてみると、大体その割合は半々ぐらいになるみたいですね。

三浦　ある脳内物質。

中野　アルギニンバソプレシン（ＡＶＰ）という物質なんですが、脳内ホルモンの一種であるバソプレシンにアルギニンというアミノ酸がくっついたものです。バソプレシンは血管を収縮させて血圧を上げる作用や利尿を抑える作用などで知られていますね。このＡＶＰはオキシトシンという「幸せホルモン」とも呼ばれる脳内物質に非常によく似た構造を持っています。恋人や親子同士の安心感をもたらしたり、不安を減らす働きがあるオキシトシンに対して、バソプレシンは親切心を高めたり、特に男性においては女性や家族に対する親近感や愛情を高めるとされています。

このAVPの受容体のタイプによって、性行動に違いが出てくることが知られているんです。1人のパートナーといるのが心地よいタイプなのか、それともたくさんの人と薄く浅く関係を結ぶのが心地よいタイプなのか。後者はまあ「稼ぐ人」ですよ。

三浦　「稼ぐ人」とは?

中野　遺伝的な要素も関わってきます。ある遺伝子を持っているタイプの人では、未婚率、離婚率、不倫率が高くなる。この遺伝子の持ち主は、身内にはやや冷たい行動を取りがちになるためではないかと考えられています。一方で、外づらはいい。そのため、社会経済的地位も上がりやすくなる。で、「よく稼ぐ」です。1人にこだわる気持ちが薄いからか、人脈を形成するのも得意で、その場限りの雰囲気を作るのも上手です。

そういう人を夫に選ぶことは特段に悪い選択じゃないと思うんですけど、今の不倫を叩く風潮からすると、世の中の人はあまり稼がず、貞淑な夫を望んでいるんですかね。

三浦　「ばらまく人」っていうのは不倫が上手な男性って言っていいんですか。よく稼ぎ、よくばらまく人もいて別にいいんじゃないのと思うのですけど。

中野　不倫に向いている人というか、たくさんの女性とつき合うのに向いている人ですね。やっぱりいるんですよそういう人。で、そういう人は経済的にも優位に立ちやすい。

不倫という関係によってそれが証明されているということだけだとは思うんですけど。

三浦　経済的なプレデター（捕食者）気質みたいなのと関係しているということですか？

中野　それはあります、あります。まず説明しておくと、新奇探索性という有名な形質があるんですね。ドーパミンという神経伝達物質の動態に特徴があるんです。

仕事ができる男ほど浮気する？

中野　ドーパミンは快楽をもたらし、意欲を高める脳内物質で、性愛の楽しみと関連の深いものです。さっき「芸の肥やし」って話をしましたけど、クリエイティブな仕事で独創性が求められたりする場合、ドーパミンによって駆動される脳機能がいい方に作用することがあるんですね。

三浦　作家とか音楽家とかで、恋愛をしていた方が創作できるっていう人がいますよね。

中野　創造性とドーパミンの関係はとても興味深いものがあるんですが、ここで深堀りするともう一冊、別の本ができてしまう量になるのでまたいつか……。新奇探索性の高い人というのは、一言でいうと、ドーパミンの要求量が高い人です。新しい刺激がないとドーパミンが得られないので、いつもいつも、新しい何かを探している。この人たちの、性的な振る舞いには特徴が3つあって、1つは浮気をしたことがあるかないか。もう1つはその人数。もう1つはワンナイト・アフェアの回数。その3つでデータを取ると、ドーパミン要求量の高い人って、そうでない人の大体倍ぐらいなんですね、どの数値も。有意差があるどころじゃない。

三浦　かなり特徴的なタイプの人ってことですね。

中野　それからもう1つ、テストステロンの多さというのがあって、男性ホルモンが高い人の方がより積極的にリスクを取るという行動をする。

ロンドンの金融街であるシティで、唾液中のテストステロンの量を測った研究があったんですね。すると、テストステロン濃度の高い人の方がその日のトレードの成績がよかった。ハイリスク・ハイリターンの勝負ができる人の方が金持ちになりやすいですし、テストステロンの高い人の方が性的にもアクティブ。英雄色を好むみたいな話ですけど。

つまりは脳のタイプがすごく違うんですよね。浮気を繰り返す人が「病気だ」とかって言われますけど、病気でも何でもない。もともとそういう形質なんですよね。目が青いとか、髪が黒いとか、そういうレベル。

三浦　仕事ができる男ほど浮気する、とかそういう話ではないと。ある特徴があって、それがその人の欲望の種類を変えてしまっていることがある。

中野　そうそう、そういう脳のあり方で「ばらまく」タイプの不倫もあれば、あるいはそうではなくて、家庭で居場所がないから癒やされたい……みたいなタイプだったり、1人に対してずぶずぶはまっていくような不倫というのもあるでしょう。ただ、不特定多数の人とたくさん性的にアクティブというタイプは、ちょっと機序が違う。

三浦　今思ったのはね、そういう派手に恋愛する芸能人が時々報じられたりしますけど、芸能人ってそもそも、相当自分のことが好きじゃないとできないと思うんですよ。成功している人であればあるほどね。

中野　それはそうかも。

三浦　自己愛が際立って強い人は、私の感触からすると、いわゆる純愛と見なされるような、ひたすら相手に尽くすような恋愛との親和性がない人もけっこう多いんではないかと。早い話が恋愛を気軽に「楽しむ」ことができちゃうのかもしれない。楽しむだけならいいんでしょうけれども、実際に不倫が報じられるってことは、大方の場合、「被害者」が存在するからですよね。プライベートな話って、誰かが告発しないと載りませんから。他のタイプの恋愛はなかなか週刊誌にすっぱ抜かれるような派手な話にはならないんじゃないか、と思うんですよね。

誰が誰と何をしようがいいんですけど、清潔感みたいなことも大事なのではないかという気がします。ワンナイト・アフェアと言っても、避妊対策をしてるのかと。「ちゃんとしとけ」と思いますもの。

中野　そこで大分印象が違いますよね。

「稼ぐ人」は「ばらまく人」か

三浦　「ばらまく」タイプの人っていうのは、そもそも欲望の量が多いというよりは、それに快感を感じるという作用機序になっちゃっているんでしょうね。同じ人間でも、テレビに出るようになるとか政治家になるとかだとちょっと変わりますし。

中野　それはどういう意味で？

三浦　注目や、パワーの源が手放せなくなるというか。プレッシャーが大きいし、それを1人で背負わなければならないからかもしれない。株のトレーダーみたいな瞬間的判断の連続も、同じようなストレスなんでしょうね。そのはけ口を求めるというのはあるのかなと。

中野　そうか、それは。
三浦　リスクテイクに向いている脳であるとかそういう面もきっと関わっているんでしょうけど、でも、それがすなわち浮気性につながるとも言えない部分がある。
恋愛にはリスクを取らない人も多いじゃないですか。うちの夫なんかは完全にそういうタイプだと思いますよ。投資で様々なリスクテイクはしているから、プライベートでリスクなんか取りたくない。そういう人もけっこういるんじゃないですかね。
中野　仕事で充分ハラハラしているのに！　みたいなことね。
三浦　はい。金《カネ》と色《イロ》は同列で語られがちです。ストリップダンサーたちを描いたクライムサスペンス映画『ハスラーズ』のように、よくウォール街の金融マンのイメージが語られますけど、金融に携わる人々もさまざまです。例えば、２０１２年の大統領選に出たミット・ロムニーさん。彼なんかはベインキャピタルという世界的なプライベート・エクイティ・ファンドの創業者のひとりですけど、すごいお行儀のよい方ですよね。子だくさんで、信仰心の篤いモルモン教徒で、私生活でリスクテイクする人では全くないですよね。非常に倫理的だし。
中野　そうなんだ。

三浦　ロムニーさんみたいに、おそらく家庭でも、その他の人間関係でもリスクテイクはしないけれど、投資ではリスクテイクをするという人たちっているわけですよね。先ほどの『ハスラーズ』は、ストリッパーに群がり、彼女たちを踏みにじって欲望のままに生きる男たちを利用し、大金を奪おうとする女たちの物語。だけど、そういう、仕事でも私生活でもリスクを求めるような人って実は一部ではないかって気もするんです。

中野　「ばらまく人」は「稼ぐ人」でありうるけど、「稼ぐ人」がすなわち「ばらまく人」とは言いづらいんではないかということですよね。性行動に関する遺伝的資質が1種類じゃないというのが問題を複雑にしているんですが、さっき言ったように、ドーパミンの要求量が多分経済力と相当関係あるところだと思うんですね。いわゆる新奇探索性。もう1つ、パートナーに対して誠実であるかどうかに関係するAVP。これは人との絆を作るオキシトシンという脳内ホルモンとペプチドの数が同じで、すごく化学構造が似てるんですけど、その中で2個だけアミノ酸の種類が違うんです。

そのAVPの受容体で、人間の場合、百五十何番目だったかな、1ヶ所だけ遺伝子の塩基配列が変異してるレセプターを持っている人がいるんですね。このタイプの人は、浮気行動をとるんだけれども、同時に、人に親切でなくなるんですよ。

三浦　へえ。

中野　このＡＶＰをうまく受け取れないタイプの脳の人は、３つの特徴があって、未婚率が高い、結婚しても離婚率が高い、結婚が続いても、奥さんの不満度が非常に高くなりやすい。この人たちは、だから、パートナーを持つ生活に向いてないということなんでしょうね。

三浦　男性でも女性でもそういう脳のタイプはある？

中野　女性がこの遺伝子を持っている場合は離婚にはならないんですよ。結婚生活を続けたままよろしくやる。夫をＡＴＭにしたまま、自分は楽しく過ごす、という行動をとりやすいんですね。ＡＶＰが少ないと、人に対しての共感性が下がるのかもしれない。オキシトシンと似たような物質なので、人との絆をあまり求めないタイプの人になるという感じでしょうかね。

三浦　なるほど。そうすると、そういう人たちは、一見魅力的だったとしても、結婚してみると意外と情が薄いと感じたりするような人なんですかね。だけど、異性関係にそんな消極的とかというわけでもないなら、浮気行動を繰り返すことになる。

中野　そういうことです。ただその逆のパターンもあり得るわけですよね。ドーパミン要求レベルが高い一方で、AVPの変異もない場合。そういう人は自分のパートナーをすごく大事にするし、金銭的にも豊かという組み合わせになる。家庭の中ではリスクテイキングはしないけれども、経済活動ではリスクをとれるというのはそういう人かもしれないですね。

脳も違えば制度も違う

三浦　極端なことを言えば、脳のタイプで性的な行動が自然に2つの方向に分かれてしまうと。

中野　そういうことになりますかね。だから、片方のタイプの脳の人がもう片方のタイプの脳の人を「そんなの人間としておかしい」とかあれこれ言ってみてもあまり意味がない。それぞれの機構で「自分の感覚が普通だ」と脳が処理しているから。それなのに「生まれたからにはいろんな人と付き合いたい」だとか「1人の人と添い遂げるのが本当の幸せ」などと言い合っても話がかみ合わないわけです。あなたの茶色い目はおかしい、いやあなたの青い目こそいかがなものか、と言い合っているようなものです。

三浦　倫理観の違いだけで片付けられるものではないということでしょうかね。

それとももう一つには、社会のシステムの違いによっても受け止め方は変わってきますよね。性というのは人間にとって非常に強い衝動ですから、宗教でも政府でも、支配の根本手法に性の抑圧と管理が使われてきた一面があります。どういう条件でなら性交渉をしてよいかを縛ることで秩序を保とうとしてきたわけですね。

結婚について言えば、近代になって平等が観念され始めた過程で、まずは健常者の男性が等しく妻をめとることができるのが望ましいという考え方はあったと思うんですよ。そして女性が子育てをする存在としてはある程度守られると。結婚は子どもを作る権利を意味しますし、人口を増やすことができるから。

中野　結婚というシステムの根源に迫る話ですね。

三浦　ただその後、女性の側も平等な権利が認められていく過程で、性交渉や婚姻に関して個人の自由選択が基本になっていく。そうすると、そこに残った「倫理」とか「規範」って何なんだろうということになる。

夫婦間関係は特殊な扱いです。国家が認めるある一定の形態のみが認められるので、完全な自由契約ではありません。それに、妻や夫が浮気を許したり、始めから許可していたとしても、世間から介入されるわけですからね。

ある英国人の友人が面白いことを言っていたんですが、英国の旧い貴族のファミリーでは、1~2世代前までは、2人男子を産んだあと、まだ夫婦間で性交渉が続いていると、物好きだと好奇の目で見られていた、と。1人は後継ぎ、もう1人は保険というかスペアの概念ですよね。領地を確実に相続できるように。しかし、財産を散逸させないためには、それ以上子供を作らない方がいい。性交渉はほかでやってくれ、と。だから、浮気には寛容でも私生児の地位というのはすこぶる低かった。変なものですが、それがその時代背景としては合理的に思えたからこその風習でしょう。

中野　これは面白い。かつてのフランス貴族も、恋愛は結婚のあとで、というのが常識だったといいますね。つまり彼らにとっては、結婚は恋愛の末に行われるものではなく、そのファミリーないしは階層の社会経済的地位の保持を目的として行われる、半ば公的な活動の一環だった。

三浦　つまりは恋愛も、結婚相手とするのではなくて、婚外交渉が普通だったと。

中野　そうだったそうです。のちにルイ15世の公妾として政治にも積極的にコミットしたポンパドゥール夫人という人がいますね。ロシアの女帝エリザヴェータやオーストリアのマリア・テレジアと一緒になって「3枚のペチコート作戦」を仕切ったりした。

三浦　フランスとオーストリアとロシアによる対プロイセン同盟ですよね。ペチコートは女性がスカートの下に穿く下着のことですが。

中野　マリー＝アントワネットがフランスに嫁いでくるきっかけをつくった張本人です。彼女がまだジャンヌ＝アントワネット・ポワソンだった頃、結婚していた相手の男性は、彼女が王に近づいていくのに耐えられず「妻のことを愛している無粋な男」と揶揄されていたとかいう話もありますけど、実際どうだったんでしょうね。

三浦　無粋な男よばわりですか(笑)。

中野　逆に、ルイ16世は公妾を持たなかったために、政治に対する不満や非難が王妃に集中し、王権が転覆する遠因となったという説もあるようです。キリスト教では側室を持つことを禁じているそうなんですが、欲求の抜け道として公妾という制度をつくり、それがひいては社会を維持するための枠組みとして機能したというのは面白いですよ。社会の安定のためには生贄的な存在が常に必要とされてきたのかもしれない。これは人間社会の業なのかなと思うことがあります。

三浦　ホンネとタテマエの使い分けということですね。

中野　ポンパドゥール夫人は5年で身を引くんですね。ルイ15世の愛人から友人へと自らその関係のあり方を変えていくんです。ですが、その後も王の目に留まりそうな女性を探して次から次へと紹介していた。いろいろな解釈ができますけど、彼女は王の精神的な部分や、政治的なあれこれのバランスを保とうとして、本能的にそうしたのかもしれない。

不倫の「定義」

三浦　つまりは、社会のあり方の違いでも、不倫の捉えられ方は変わってきたんだと思うんですよね。何をもって不倫と言うのか、何がその社会の倫理から外れているのかというのは、時代背景によっても異なる。

そういう意味では、つれあい以外の人に関心を持たない状態が当たり前で、そうでない人が異常だとするのも実態としてちょっと違う。中野さんがおっしゃるように、脳のタイプをとってもいろんな人がいるわけだから。

中野　そういうこと。生物が次世代を生み出す仕組みという観点だけから見れば、それぞれの生物が適応的な生存戦略を採っているだけなんですよね。だから、倫理で縛るというのはその点ではナンセンスだなと感じる。ただ、人間が社会的な生物だということろまで解像度を上げていくと、人間の社会は制約を設けることでうまく回ってきたという事情も恐らくある。

だからまずはざっくりと、今は何がバッシングの対象となるのか、不倫の「定義」みたいのがあるなら土台を確認しておきたいですね。

三浦　さらに言うと、自分がその立場に置かれたかのように、裏切りとして責め立てる人がいますけど、それはなぜかっていうことですよね。

中野　なぜ裏切りと感じるのかというのも、それ自体がすごく面白い問題ですよね。社会的規範に沿わない、ということが、バッシングをする際の「正当な理由」として語れるのだけど、それ以上に、自分の不満とかルサンチマンを上乗せしていたりする。あれは不思議な現象だというか。

三浦「自分事化」されてしまっているわけです。

中野　あなたは実際には、この事件で何の不利益も被っていないよ……と引いてしまったりもするんだけれど、そういう人が少なくない数でいる。

じゃあその場合の社会的規範って何かっていうと、まず結婚という制度がある。不倫ってそこに対する不義という定義はありますよね。同時に、そことはちょっと乖離があるけれども、不倫には今、私たちの感情が揺さぶられるような部分がある。例えば二股交際も週刊誌報道でバッシングされたりする。結婚という制度の問題だけでなく、そうした関係性にも現代の私たちは不快感を覚えているわけですよね。

三浦　家制度に関係がある部分は、子どもが作られる可能性とか子どもの父親認定の問題でしょうね。まあ、昨今ではＤＮＡを調べることができるから本当はそんな必要はないんだけども。

「浮気」は幅広い意味で、他に気を移したというイメージでしょう。実際にセックスまでいかないと「不倫」じゃないだろうと思いますが。私自身は、周りを見ていても肉体関係うんぬんよりパートナーに対するリスペクトの欠如の方が気になりますけどね。けんかばかりしていようが、相手を軽んじていようが、他の人とセックスさえしてなければいいのかと。

中野　そういうご夫婦もいますよね。

三浦　ただ、不倫の定義を性行為に特化すると、身体が物みたいでなんだかいやですねえ。考えを詰めていけばいくほど即物的になる。最近の教育では、子どもに身体的な自己決定権を教えているでしょう。"No means No"（ノーと言ったらノー）だけでなく、"Yes means Yes"（イエスと実際に言ったときだけイエス）と。明示的な同意がない限り、相手に対して性行為をしてはならないし、婚姻関係にあっても相手の欲求を叶えなくてよい。これは昔とはだいぶ違う常識ができたとみていいわけですが、不倫の認定のときだけは、お互いの身体は配偶者の専有物なんですかね。

中野　例えば不倫の裁判ではやっぱり性行為があったかどうかが問われると聞きます。そういう意味では瑠麗さんの仰るとおりなのかも知れない。不貞行為でもめて裁判になった友人の話だと、何回挿入しましたかとかそういうことまで聞かれるんだと。そういうところが争点になる枠組みがあるわけだけれど、この本で扱いたいのはそこではなくて……。

三浦　一夜限りでないかとか、金銭的報酬が生じていないかとかそういうことではなく。

中野　うん。パートナーが別の人と関係性を築いてしまうことを、多くの人が嫌がるみたいだねっていうところですかね。1対1の関係をよしとする倫理観と言えばよいのかな。

三浦　それはそうなんでしょうね。自分の持ち物に手を出されるという嫌悪感ですね。

中野　ああ、そんな感じですよね。

三浦　テレビなどで取り上げられる「夫にされて嫌だったこと」の例には、感情面での占有意識がかなり影響していますね。例えば、夫自身は相手の女性の好意にまったく気づいてなかったとしても、職場の女性が夫にプレゼントを贈ったりとか、手作り弁当を作ってくれたりするのはありえない！　というような。

中野　ああ……それは普通の感覚だと「黒」扱いされるでしょうね、男女逆でも。夫以外の人に毎日、職場まで車で送ってってもらってますみたいなのとか……それはちょっとパートナーとしては心穏やかではいられないでしょう？

三浦　ええ、まあ。

中野　そういう感情ベースの定義というのと、法ベースの定義というのは、やっぱり少しギャップがあるんだと思いますけどね。

どこからが不倫か

三浦　女性と2人でごはんを食べるだけでも「それは浮気だ！」と妻に断定された男性にぼやかれたことがあるんです。

中野　そういう人がいるんだ！

三浦　まあいないわけではないですよね。そういうのを聞くと、そもそも他の人に好意を持ってはいけないの？　と思いますけど、これもある種の「自分の持ち物」に対する「マーキング」ですよね。妻がたまたま楽しく同級生たちと同窓会をやってたとしても、一緒にいられない間、夫が何をやってるか気になるっていうような。

中野　パートナーに異性の影を感じるのは嫌っていう人、確かにいますね。自分のステディーなパートナーなのに、意識的か無意識的かはわからないけど、なんで異性に近づくわけ？　みたいな。まあ、片方が子どもを育てるのにすごくコミットしているのに、もう片方が異性と遊び歩いてたりしたら、ちょっと抵抗を感じるのも仕方ないでしょう。

　その辺はやっぱりその人の他者との関係性だったり、バランスだったりというのがあって、どこかで完全に線引きできるものではないのかもしれない。だけど、そういう「曖昧さ」を許容できないというのはむしろそこが病理なのかもなという気はしますね。

三浦　その曖昧さこそが人間関係を機能させていたりするもんなんですけどね。

中野　白か黒かじゃなくて、グレーの関係でもよくない？　っていうのをあまり多くの人は受け入れられない。人間ってそんなデジタルじゃないと思うんですが。

三浦　そういう関係が許せないのって、所有したいという欲求の表れですよね。性に限らず服の趣味とか食にまで支配領域が広がっていく。なんでも自分好みに仕立てたりするところまで来ると、結局、「支配／被支配」みたいな話になっちゃうのだけれども。とはいえ、愛っていうのはしばしばグルーミングのような行為に変化していくことがあって、それは自分が求めているものが得られないことを分かっているときの、人知れず愛情を求めているしぐさでもあるのではないかと思う。

中野　グルーミングね。猫とかが毛繕いしたりね。

三浦　それこそ人じゃなくて猫の話ですが、猫は上下関係で上に立つ猫の方が相手の毛繕いをするんですね。オスがメスの、あるいは先住猫がニューカマーの毛皮を舐めて面倒を見るの。お世話をしているってことがすなわち「仕えている」ことを意味するわけでは必ずしもなくて。

人間の場合でも、パートナーに対して母親っぽく世話焼きをするというのは、支配しようとする行為でもある場合がありますよね。猫と違って人間の場合、これをするのは女。なぜそんなことをするか考えてみたんですけれども、相手に求めているものが過少供給されているからなのではないかと思うんですね。相手からの情愛や、関心が少なすぎるという不満の結果なんじゃないかと。その齟齬を埋めるための代替的な行為で、実は相手への管理強化であり、グルーミング的介入。これは夫婦間でも愛人どうしでもありえます。

中野　ただ、それは愛ではないですよね。どっちがイニシアチブを取るかみたいなことにどんどん変換されていって、むしろ対立をはらんだ関係になってしまう。愛情というより、どっちが損をして、どっちが得をするかみたいなことになっちゃう。

ねたみと嫉妬の違い

中野　所有欲以外で言うと、ねたみと嫉妬という感情もあって、心理学的にはこの2つは違うものとして扱われるんですね。

嫉妬というのは、瑠麗さんがさっき話していた所有欲と関係があって、自分が持っているものを奪われるんじゃないかっていう、不安な気持ちだったり不快感だったりという感情なんですね。これは進化の過程で言えば哺乳類から持っている、人間だけではない本能的な感情だと言われます。えさ場を荒らされないか、縄張りを奪われないかっていうのに近いものです。

ねたみというのは、これはきわめて人間的な、人間にしかない感情だと言われます。

ヒエラルキーがある集団で暮らす、社会性を持つ霊長類にかなり顕著に見られるもので、自分より上の地位にある者に対して感じる不快な気持ち。

三浦　なるほど。

中野　自分と同程度のはずなのに自分よりもいいものを持っている。何かあいつだけ得してる、なんであの人だけ評価されるんだっていう状況に対して起こる気持ちのことで、その人のことを引きずり下ろしたいという欲求が生じるものなんですよね。

この「引きずり下ろす」という行動の表れとして、瑠麗さんが言ってた「マーキング」みたいなことや、自分以外の異性に対してはその好意を遮断してくれって相手に要求してみたりとか、そういうことが起きる。

三浦　ねたみが夫に向けられたり、妻に向けられるということですか。たしかにそういうケースはありますね。特に相手の社会的成功を喜べないつれあいというのがまず思い浮かびますが。ねたみを発する根源は何かというと、おそらく公正さを求める気持ちでしょう。自分の努力と相手の努力をつれあい同士で比べてしまうというのもそこから生じていますからね。自分はこんなに疲れ果てているのに、相手は恋愛でキラキラしているとか。ただね、ねたみは傷つけられた自尊感情からくるわけだから、報われない愛の当然の結果でもあるかもしれない。例えば、自分が身を投げ出し、相手の方へと捨つるタイプの恋愛もある。恋愛するごとにタトゥーを入れる人、いますよね。

中野　いる。

三浦　自分の体に何かを刻みつけることで恋愛感情を現し、自分のそのときの情熱を残したいとか、埋め込みたいとか、何かこう、相手と一体になりたいみたいな欲望というんでしょうかね。世界に、相手に、自分の存在を刻み込みたいっていう。その欲望みたいなのもちょっと無視できないのかなというふうに思います。愛している、かつ、ねたんでいる、というよくわからない気持ち。

中野　ああ、なるほどな。後でもうちょっと詳しく言いますけど、愛着とねたみに同じ物質が関わっていますからね。

三浦　人間って、嫉妬や失望に目がくらむような思いをすることっていうの、あるわけじゃないですか。自分が今、恋愛のまっただ中にいるとすれば。

中野　うん。もうだいぶないけどね。

三浦　(笑)。男女関係が安定してしまえばマーキングになっちゃうんだけど、そこのベースに愛情が全くないかというと、すごいあるわけなんですよね。でも、それは完全には満たされない愛であり、愛着になってしまっている状態。さて、愛着というのは、全体としてどういうふうに位置づければいいんだろう。どう思います？

中野　そうかそうか。つながっていることの証拠が欲しいみたいなのって確かにあるんですよね。

脳が感じる愛着の場所

中野　愛着を感じる脳の場所っていうのはちゃんとあって、あんまり話題になることはないけど、大脳でも小脳でもなく中脳という場所なんです。ここに愛着を感じさせる、絆の領域とでも言えばいいかな、というのがある。そこで、この人は仲間、この人はそうではないって見分けるんですよね。これはもう、ラットでもマウスでも持っている仕組みで、哺乳類だったらある。

三浦　なるほど。

中野　そこは個体識別をする場所でもあります。これがあまりにも強い種だったり個体だと、例えば同じかごにオス／メスつがいで飼うとします。そこで片方を取り除いて、別の個体を入れるっていう実験をする。そうすると、動物によっては、その新しい個体とつがいになれないぐらい、元のパートナーと強い絆を作っちゃったりするんですよね。でも、人間の場合はあまりそうではないかもしれないな。そういう行動を取る個体は少ないし、それをみんな薄々わかっている。自分がいなくなれば、あるいは時間が経てば、別の個体ともパートナーシップを結ぶだろうっていうことをどこかで知ってる。だから何かこう形にしないと不安なのかもしれない。それも、すごく理解はできる気はするんですよね。

三浦　それがタトゥーだと。

中野　ただ、この絆の領域というのはすごくやっかいで……一緒にいるときは自分とパートナーとの境界線がなくなるような陶酔的な感覚が得られたりもするんですね。特に、性行為のときなんかに、この領域が活性化しやすい。従ってその絆も深まりやすい。

　その代わり、いったん絆を作ってしまった相手が自分のルールと違う行動をとったとか、自分の想定した振る舞いをしなかったとします。そうすると、同じルールで生きている共同体のはずなのにお前は何だ！　ということになる。その絆が強いほど相手を攻撃するっていうことが起こるんですよね。

三浦　そういうタイプの痴話げんかっていうのもよく見る気がしますね。昔、ある女優さんが、嫉妬にかられて夫の携帯電話を折ったとか鍋で煮たとか何かそういうことがありましたけど、それは絆が強すぎたんですかね。

中野　この絆の問題は前に話に出たオキシトシンっていう物質が関与してるんです。ちょっと不倫の問題からは離れるけれども、例えば親が子を支配しようとするというのも、似た感じの機構が働く場合がある。親が子どもをしつけと称して攻撃するということがしばしばありますよね。どうしてこの子は私の言うとおりにしないんだろう、この子を愛してかわいがっているのにって。そういうときに起こる脳の活動は、さっきの「ルール違反」で相手を攻撃するのとほぼ同じタイプです。

嫉妬の個体差

三浦　では、嫉妬っていうのは脳のどこから生じるんですか。

中野　嫉妬は主に「不安の回路」、何かが失われるかもしれないという不安から生まれるんですけど、これは大脳辺縁系っていう場所にあるんです。この回路が、例えばあの女が自分の今持っている夫＝リソース（資源）を奪うかもしれないって思い始めると働き出す。経済的に自分を支えてくれているはずの夫が、別の場所にお金を流しているかもしれない……って情報を大脳新皮質が検知すると、一気に不安の感情を大脳辺縁系で呼び起こして、そういう行動を取らせてはならない、となる。つまりは思い当たる原因となる人に対して攻撃をさせるんですよね。

三浦　ただ、私も中野さんも、そういう嫉妬とあまり縁がなさそうな気がするんですけれど。その個体差って何なんですか。

中野　何だろう。いや、少なくとも夫に対してはもう起きないですよ。長いもん、つきあいが。あと、別に夫に依存してないですからね。

三浦　昔は嫉妬心ってあったんですか。

中野　つきあい始めの頃は関係が不安定なので、そういう気持ちを感じましたね。

三浦　それは例えば愛情ホルモンみたいなものが時間とともに減ってくるからそう思わなくなるんですかね。

中野　愛情ホルモンそのものは減らないですけど、ときめく気持ちとかそういうものは完全に減っちゃいますね。なんでかっていうと、ときめく気持ちをもたらす脳内物質って、脳にとっては基本的に毒なので。あんまり長い間持ってると悪い影響があるんですよ。なので、タイマーで切れるようになってる。

だから長いことラブラブっていうカップルは、当初のときめきの気持ちでラブラブというよりは、夫を尊敬してます、とか、愛着を持って家族として仲よく暮らしてますってそういう様相のはずなんですよね。

三浦　ときめきはどういうふうに体に悪いんですか。

中野　これはドーパミンによるものなんですが、ドーパミンの悪さは2段階あって、1つにはドーパミンってずっと出続けていると神経毒性があるんです。もう1つは、この神経毒性がドーパミン作動性ニューロンというのをあまり健康な状態でいられなくしてしまう。もっともっと刺激を欲しくなる、といったちょっと中毒的な状態になるんです。この、ほかのことに目が行かない中毒状態になると、自分の状態をしっかり把握しておくことが難しくなるという作用があるんですよ。

三浦　ふーん。

中野　この中毒状態を作るというのには一定の意味もあって、特に女性は出産のときの体の負担が男性に比べると比べものにならないほど大きい。だからドーパミンを出して理性をややオフにする。そうでもしないと、恋愛に踏み込みにくかったり、子づくりしにくかったりっていうことがあったりするんですよ。だから、ある程度はそういう状態も女性には期間限定で必要なわけです。

三浦　自分を恋愛体質だって言ってる女性は、そこが常にオンになってるってことですか。

中野　うーん。まあ、そうなのかな。うん、気持ちいいものですからね。ドーパミンによる快感って。やっぱり楽しいので。その楽しさにハマっちゃう人っていうのは一定数いるんでしょうね。

三浦　そうか。そうすると婚外の恋愛は「家庭」や子どもへの集中や関心を途切れさせる効果があるから危険だと思われるのかもしれませんね。

不倫のメリット

中野　ちょっと話を戻しますけど、既婚男性、未婚女性の組み合わせが報道では話題になることが多いけれども、逆パターンの既婚女性、未婚男性の組み合わせももちろんあるし、既婚同士もある。年上、年下といった年齢差や、上司／部下や仕事の発注元／発注先といった仕事上のヒエラルキーが関係していたり、経済的な差で考える考え方もある。いろんなパターンがあるんだけど、そこがちょっとごっちゃになっている印象が否めないんですよね。

三浦　見る側の視点もまちまちだし。

中野　そう。「不倫をする人ってさ……」みたいに一口に言う人がいるけれども、じゃ、それって既婚男性側から見た不倫なんですかとか、未婚女性側からの見方なんですかとか、それらがあまりきちんと整理されずに語られてません？　意見のすり合わせをする段階で、エモーショナルな話ばっかりが進んじゃって、冷静に語られていない現状がある。

三浦　それはありますねえ。

中野　未婚女性側にもそれなりのメリットがなくはない。結婚を決めてしまう前に予行演習ができるとか、経済力も経験もある男性に学ぶことも少なくないでしょうし、その対価として若さを差し出すという交換が成り立ってきた面もあるでしょう。あるいは愛人になりたがる女というのもいるかもしれない。

三浦　それはどういう理由で？

中野　楽だから。夫の生活のサポートをするとかそういうのはちょっと嫌だけど、愛人としてのパートナーシップは結びましょうというタイプはいると思いますけどね。

三浦　いわゆる「あなたのパンツは洗いたくない」っていうことですね。恋愛はしたいけど、あるいは理解し合える関係は結びたいけど、と。逆に、年上の女性と付き合う男性も増えてきた気がしません？

中野　そうかも。

三浦　これ、中野さんが言ってたのかな。女性の出産年齢が上がっていくにつれて、年上女性を好きな男性の割合が増えているんだって。

中野　それ、私がしゃべったかもしれない。統計的に出ているかはわからないけれど、いわゆるほうれい線ありますよね。そのほうれい線を加えた顔と、そうでない顔の写真を男性女性それぞれに見せる実験をすると、男性の場合、ほうれい線があるから嫌だという人と、ある方が好ましいというタイプに分かれるんですよね。

三浦　それです、その話。

中野　好ましいというタイプの男性に共通する特徴というのが、お母さんがその男性を産んだ年齢が30代以上でしたというデータなんですよ。出産年齢とか結婚年齢も上がってきているわけだから、ほうれい線がある女性の顔を好きな男性もそりゃ増えるよねという話をした記憶があります。

三浦　話がそれちゃって申し訳なかったですけど、年の差とか男女の社会的地位の差とかってやはりバカにできなくて、恋愛関係にはやっぱり権力関係とか搾取の関係があるんですよね。

中野　そりゃそうでしょうね。

三浦　春を売る女の子も、年齢の違いやお金の格差があれば当然、社会に出てくる現象です。ただ、自分の「価値」が分かりやすい金銭的な対価として返ってくるのがパパ活ですが、そうでない普通の恋愛でも、モテ度をはじめ、格付けや値付けのようなものを自分自身で異性関係に持ち込んでしまっている人は少なくない。夫婦になったとしても、実はこの手の値付けから自由にはなれていなかったりしますよね。夫の会社での立場とか給料とかといった経済的なステータスの比較も頻繁に行われるし、夫が妻と、妻が夫と自分を比べることもある。

中野　ありますねえ。

三浦　人間社会そのものが格差に満ちているからこそ、それを見て育つ人間はあらゆるところに格差を鋭敏に感じ取るようになり、公正さを求めて苦しむ。パートナーシップ間にも格差が持ち込まれるのは、人間同士の関係である以上避けられないことなのかもしれませんけど。
それに、人間は格差を嫌だと言いながら、権力関係や勝ち負けを求めてしまっているところがある。自分が勝つ側に立ちたいということに限らず、何らかの支配／被支配関係の想像に耽溺する場合もあります。
中野　男女関係において？
三浦　同性愛者でも、尽くすとか奪われるみたいな想像を伴う関係性が好ましいと思う人もいるし、必ずしも同性同士なら対等になるわけじゃないんですよね。人間はどうしてこんな1人で生きられないんだろうね、というのが、私自身ちょっと嫌になる部分も含めて感じるところですが。

「寝取られ」のロジック

中野　権力関係と搾取の関係はすごく思いますね。性別による主体性の差みたいなものは確かにしばらく前まではあったけど、だんだんそういうものが解消されてくるにつれて、どっちかがイニシアチブを取るんだなみたいな構造ってどうしても生じちゃう。
中には寝取られ文化みたいなものもあって。寝取られることがうれしい人たちというのがいる。そういうことで性的興奮が高まる人たち。

三浦　ああ。

中野　よくフランス文学では出てきたりしますよね。日本にもそういうのはなきにしもあらずですが。こういうのって1対1しか許さない関係の中では出てこない感情のやり取りを愛でるのかもしれないし、奔放に振る舞うパートナーを本当は自分が操縦しているんだという満足なのかもしれないし、その逆かもしれない。虐げられることに満足する人もいるわけですから。そういう「充足」のありかたというのは、必ずしもネガティブとは言えないのかなとも思うのですよね。そんなのまできれいに掃除されてしまうのは、私は何だか嫌なんです。厚みがなくなるというか。

三浦　知り合いでいるんですか？

中野　誰とは言いませんけど、テレビの出演者で、映っていないときとかにいつも「いかに寝取られがいいか」みたいな話をしている人がいるんですよね。むしろそういう番組でもしたいのかなって思いながら聞いてるんですけど。

三浦　どこがそんなにいいのですかね。

中野　何だろう、自分の選んだ女はほかの男から欲情されるいい女だ、というのを確認したいんじゃないのかな。私はそういうふうに解釈したけど。

三浦　あるいは、まずは恐怖を現実化してみることで、恐怖から逃れるという心理、その情報を全て自分が把握しておくことで自分をコントロールしたい、逆に「自分からしている感」を得ようとするみたいな感じに見えますけどね。

中野　それはすごい説得力あるなあ。

三浦　本心ではコントロールフリークな人が多くないですか、寝取られ好きな人は。

中野　そうかも、知的な人が多い感じするな。

三浦　浮気しても素直にすべて打ち明けると許す、というのは、その人なりの不確実性への恐れに対する備えなんだと思うんですよ。倫理観の柔軟さを示すことで、自分がルールなのであって、社会規範がルールなのではない、ということを相手に印象づけたい。ただし、これは自分のところに戻ってくるというのが大事な部分であって、本当に去られたらいやでしょう、そりゃ。

中野　つまりね、何が言いたいかというと、世間が「アンチ不倫」で塗り潰されてしまうと、そういう欲求まで洗い流しちゃいますよね。性的な欲求って単純なものではないし、人間関係というところに立脚したものであるので、人間が多様である以上、一様であるわけがないですよね。
ただ、さっきの例は男性の例でしたけど、女は不倫されると楽しいってあるかな。
三浦　いや、ないな（笑）。
中野　瑠麗さんはご主人は「放し飼い」にしてるって言ってたけど。
三浦　自由放任ですよ、うちは。だけど、不倫されて楽しいとは思わないですね。
中野　不倫されて得することありますかね。
三浦　歴史的にはね、子供を産んでいない正室が権力を争っていたりしたらあったでしょうけれどね。自分の支配下にある侍女をお手つきにさせて、子供を産ませようとするというような。権勢をふるう愛妾を追い落とすために、魅力的な別の側室を探してきて侍らせるとか。
中野　家の事情ということですよね。心理的にはどうかな。さっき嫉妬の話をしたじゃないですか。嫉妬の感情って、女の方が男より強い可能性があるんですね。逆に、妬みは男の方が強いんですけど。
三浦　わかる気がします。
中野　自分が何らかのリソースを奪われるかもしれない、という不安感情は女の方が強い可能性があって、そこを刺激されてしまうから、女の方が夫に別のパートナーを求められると不安定になりやすい傾向はある。男の人はその場合、気づいても見ない振りをする、なかったことにすることが多いというのも実験で確かめられています。

三浦　そうなんでしょうね。

複数愛は可能か

中野　そう考えると水族館みたいで面白いですけどね、みんな違う魚を求めて泳いでいるみたいな感じで。だから不倫も悪いことだとは思わないですよ。だって楽しいだろうし、別に自由だと思う、それは。私はあんまりそうじゃないかもしれないけど、恋愛は個人の裁量だなと思います。ただ、そうは言いながらも、一夫多妻の人の話を聞いたりすると、結構大変そうだなとは思うんですよね。

三浦　どの辺が大変そうなんですか。

中野　イスラム教って一夫多妻制ですよね。4人まで奥さんを持てるんだけど、自分は1人でいいわってていう男の人がそこそこいるんですね。お母さん同士が仲が悪くなっちゃったり、母親が違う兄弟同士が本当は仲よくしたいんだけどギクシャクしちゃったり。

そういうことに割と辟易していて。俺はもうそんなこと自分の家でやりたくないって思っていたりするんですよ。

三浦　それはあるでしょうねえ。

中野　奥さん同士をうまく仲介しなきゃいけないし、それが男の役割だっていうのも面倒くさい。その人たちはそう思っているみたい。

三浦　そういうことが上手にできる男性ってどんな人なんですかね。

中野　きっと仕事もできる人だと思うけれども、なかなか普通は家に帰ってまでねえ。家庭でもそんなことで煩わされたいかなあ。家庭外でやる不倫というのは、そこまで向き合わないから最初のうちはいいんでしょうけどね。関係がどんどん深まっていっちゃうと、むしろそっちの方がつらくなっちゃって会わなくなるというのもよく見ますよね。

三浦　見ますね。

中野　だから、不倫は不倫でけっきょく期間限定にならざるを得ない面もあるのかなと。そこまでの覚悟は両方とも最初は持ってないんじゃないのかな。

三浦　そうだろうと思いますよ。どちらかが玄人、性だけのパートナー、飲み友達。割に長く続いている関係はそういうものなのかもしれない。あるいは本宅でまったく必要とされていない場合などはどっちが家庭なんだかわからなくなってしまうでしょうけど。
私、ポリアモリー（複数愛）っていう多様性の形がある、という趣旨で当事者を取材したVTRをあるTV番組で見たことがあるんですね。だけど、そういうカテゴリを設けて尊重しようみたいな言説には納得しませんでしたね。
中野　なんで？
三浦　要は、そのケースでは1人の女性にパートナーが2人いるんですね。ご本人は、私はポリアモリーという性的志向を持っているので、フェアに責任を持ってこの2人のパートナーと関係を維持しているんです、と言われるんです。でも、いやいや、それはパートナーの相当な犠牲のもとに成り立っているんじゃないですか？　と思いましたね。身分制社会で別の目的を婚姻に求めるならともかく、好きになった人に他の男がいても、彼女はポリアモリーだったんだと思えば傷つかない、なんてことがあるわけないでしょう。だからって、そんなのは駄目だ！　とか言いませんけどね。他人の不倫と同じで「知らんがな」です。
中野　結構妥協はあるよなとは思いますね。
三浦　「相手を独占したい」という気持ちを抑えつけることが正しい道なんだというふ

うに思わされるということですね。執着をしている自分の方がステレオタイプの考え方に囚われていて、偏っているのだと思うに至るわけです。

中野　執着をしない恋愛というのはないでしょ。

三浦　ないですよ、そんなもの。執着しない恋愛というのはセックスフレンドだから。

中野　そうなると不倫相手とは言えないよな……。『源氏物語』でも嫉妬をする人が悪いみたいな記述が出てくるじゃないですか、六条御息所とかね。あと、紫の上も美しいすばらしい人だけど、嫉妬深いところが玉に瑕みたいな書き方をされていて、嫉妬する女が悪いと書かれてる。いや、明らかに光源氏の方がひどくない？　とかって、ちょっと腑に落ちないなというのはあるんですよね。愛していたら自分のところに来てほしいと思うのは当たり前じゃないかなと思うけど、何かそういうもやっとする気持ちはありますね。

妥協としての「一夫一妻」

三浦　そうなると人間には1対1が合っている？　種としてはそうでないにせよ。

中野　妥協した結果が1対1に落ち着いているという感じじゃないですかね。

三浦　恋愛している期間は独占したいとか、嫉妬してしまうとか、そういう感情が生まれるのはある程度やむを得ないし、日本の場合、社会的な制度としても一夫一妻制になる、ということですかね。

中野　1対1だと社会的な齟齬が少ないとか、感情的に均衡が取れるとか、そういうことなんでしょうね。ただ、これは環境条件次第ですけど。男性が多くの女性に子供を産んでもらわないと追いつかないような貧しい環境とか、1人の男性に富が集中していて、その人に女性も集中しちゃうとか、そうした現象が過去になかったわけじゃないですよね。

　でもそういう制約がない状況下であれば、1対1が一番ひょっとしたら均衡が取れる関係だったんじゃないかな。そういう意味では完全な一夫一妻ではないけれども、緩やかな一夫一妻というのが人間に向いているやり方なのかもしれない。

三浦　というと？

中野　スウェーデンだったと思うんですけど、一握りの裕福な男性が何回も結婚していて、1回も結婚しない男性がそこそこいるという統計があるんですね。日本もそうなりつつありますが、これはどういうことかというと、性的な関係を法でそこまで規定しない社会の場合、あおりを受けるのは男の方なんではないかってことなんです。裕福でなければパートナーが得られないわけだから。そう考えると、一夫一妻はどちらかというと男のためのものだということになりますよね。

三浦　もともと男性は競争しないと女性をゲットできなかったし。

中野　ちょっと大変ですよね。女は相手を選ばなきゃ何とでもなるので。

三浦　一方で、一夫一妻制によって女性の地位を「守る」という考え方もあった。最近では女性の地位がどんどん上昇してきていますが、それによって男性の選択の自由はかつてよりも狭まっているって言っていいんですかね。

中野　そうとも言えるかもしれない。

三浦　女性が経済的により男性と対等になり、男性の家事育児分担もより平等化していくに従って、男女の均衡が取れていく。それによって、一夫一妻というシステムの妥当性が増していくんだけど、同時に婚姻の破綻が離婚につながりやすくなり、不倫も男女ともにするようになる、ということなんでしょうかね。

不倫の「罪」

中野　こう考えてくると、不倫の「罪」ってなんなのかしらね。

三浦　利益／不利益みたいな話の場合、やっぱり結婚と経済なんですよね、この問題は。経済的に余力がある側が余力のない側を助けたり、それによって相手の肉体や時間を消費したりするという、ある意味搾取の構造がありますね。

中野　裕福な既婚男性が、あまりお金のない若い女子を、結婚する気もないのに金の力でもてあそぶ、という図式ね。

三浦　結婚をする気がないのに女性とつき合うことが、一昔前はもっと悪いこととされていましたよね。でも、今の結構稼げる女性がどう考えているかと言ったら、子供を欲しいかどうかは人によって違うと思うんですけど、下手な結婚をするぐらいだったら、いいとこどりの関係でいいやと思う人もいないわけではないと思うんですよね。添い遂げられないこと、いつか終わりが来ることの虚しさに耐えるかわりに、結婚の不快な部分を回避することができる。

中野　そういう人、いるねえ。

三浦　でも、昔はそういうことはほとんどあり得なかったから、相手の結婚を遅らせてしまうような既婚男性と未婚女性の不倫は、二重の意味で罪だったわけです。

中野　その見方は確かにある。責任取りなさいよみたいな考え方が。男性側にはやっぱり結婚という形か、あるいはそれ以外であっても、何らかの責任をかぶらされたと思う。あと、そのカウンターパートとして、女性側にもうかつな行動はとるな、みたいなことをすり込まれてきた歴史もあったと思いますね。

三浦　ただ、そうは言いながらも、それ以外のケースも世の中にはたくさんあるはずなんですね。そんなに誰も傷つけていないひっそりとした恋愛のような。

中野　確かに。例えば、そうだな、向田邦子さんはずっと妻子ある方と恋愛されてたっていうのが死後、明らかにされましたけど、純愛であったとするならば、お互いにそういうふうに振る舞うものですよね、別にこれは、女だろうが男だろうが関係なく。

三浦　不倫と一口に言っても、家族を顧みず、捨ててしまえとなる行為なのか、それともハッピーになることで精神的なバランスがうまく取れるようになる行為なのか、結構な違いがありますよね。不倫をしているからこそ心身の調子が取れて、家庭がうまくいく人もいるかもしれない。そういう不倫は表に出てこない。

中野　バッシングもされない。

中野　それでも恋愛に突入してしまう場合はありうると。

三浦　すでにステディーなパートナーがいる。愛着も愛情もある。にもかかわらず恋愛をしたり、異性と1対1の関係を結ぶということが、多くの人からすると理解ができないし、異常な行動に思えるということはよくわかります。

バッシングの土台は「道徳感情」

三浦　不倫に対する反発というのは、あるカップルの間で確固とした関係ができ上がっているにもかかわらず、そのほかで同じようなことをしてしまうことに対する抵抗感でしょう。では、なぜ他人の痛みが自分の痛みとして感じとれてしまうのか。

人間とは、そもそも絵に描いたような利己的な存在ではなく、他人に共感（コンパッション）を持つことができる高度に社会的な生き物なんだと思うんです。人類学者の長谷川眞理子さんが書かれてましたが、あるフィールドスタディによると、公正さを求める感情は、人が原始的社会においてすでに持っているものだそうです。

中野　あいつはバナナを2本もらえているのに、自分は1本しかもらえていない！　ひどい！　という感情ね。あるいは、バナナを全部独り占めするのはやめておこう、というような。

三浦　そうです。公正さを求める気持ちと高いレベルでの共感が結びつくと、道徳感情になる。会ったこともない赤の他人が不倫問題を起こした時に、寄ってたかって責め立てるのはこの道徳感情の発露ですね。18世紀の思想家アダム・スミスは、この人間特有の共感がもたらす道徳感情について丸々考察した本を著しています。スミスは、物理的な痛みとは違って、愛の喪失のような想像力を大きく掻き立てる精神的な痛みは終わりなくつきまとうのだと述べています。これがまさに人間ですよね。

中野　確かにね。

三浦　共感する力は幼児も持っていますが、他人の気持ちを敏感に察し、そこにある不公正さを認識する所からこの力は生まれます。ママがかわいそう、おもちゃの取り合いに負けた子がかわいそう、と思うから共感が育つ。逆に言えば、大人が介入しすぎて勝ち負けを知らなければ、共感力も育たないんです。つまり、人間社会においてしょっちゅう不倫と愛の破綻が繰り返されてきたからこそ、より強い道徳感情が生まれて不倫バッシングが起こるのではないかと。

中野　それは面白い。

社会的制裁と報道

中野　数理社会学の研究で、どうしてルールを破る人にみんながサンクション、制裁を加えるのかというのがあるんです。罰が軽いと、ルールを破った方が見かけの利得が高くなる。そうするとみんながルールを守らなくなる可能性が出てくる。ルールを守らない方が得だったら、みんなでルールを守らないようにしようぜという圧力が出てくる。

そうすると、集団が壊れる。集団である意味がなくなりますから。でも、集団であることを重視するというのが哺乳類の特徴というか、弱い者を守るために集団である必要があるんですね。我々、強力な外骨格とかないし、逃げ足も遅い。子供を育てるのに20年近くかかっちゃう。そういう相当脆弱な構造を持っている種なので、集団であることそのものが武器なわけです。この武器を壊してはならんということで、逸脱した個体に対してみんなでちょっとそれは困りますというふうにサンクションを加えるというのが構造としてあるんですよね。

三浦　そういう研究があるんですね。

中野　ただ、その構造そのものがひとり歩きしてしまうことがある。本当にルールを逸脱しているわけじゃなくて、ただその人が楽しんでいるだけに見えるとか、そういうことで攻撃を受けることがあるんです。全く何の落ち度もなく、ただ集団の中で目立っちゃったというだけで。

三浦　ありそう。

中野　そういう「オーバーサンクション」と言われる現象があるんですが、面白いことに、オーバーサンクションを加えている側には快感が生じているんですね。制裁というのは他者への攻撃なので、元来はリベンジのリスクがあるわけです。でも、リベンジのリスクを怖れて制裁を加えないと集団が壊れちゃう。だからこういうときは攻撃に快感を持たされているわけなんです。この攻撃の快感をエンタメとして形にしたのが週刊誌と言っていいんじゃないですかね。

三浦　いじめもきっと同じ構造ですよね。

中野　そう考えると、人間社会がある限り、必ず週刊誌的なものというのは生き残ると思うんです。でも、攻撃そのものが快感というのは、そんなに美しいとは見なされない。だから週刊誌をやる人はなかなか大変だろうなあとは思う。

三浦　女性というのは、もともと幅広くコミュニティーに関する噂話をしますよね、割と。男性も集団内の関係性に関する噂と情報の収集を通じて権力を行使しようとする。女性にしても男性にしても、我々はそういうコミュニティーの細かい情報とか、噂とかをすごく重視するというのが本能としてまずあると思うんですよ。例えば子供の小学校でPTAに入っていれば、やっぱり観察はしますよ、どの子がしっかり髪を洗えていなさそうだとか。アザがあったりするのを見つけたら知らせますもん。児童虐待を見つけるというのはコミュニティーとしてとても大事な機能ですし、噂話が一概に悪いとは思わないんです。

中野　そういう機能もあるか。

三浦　ただ、誰それが誰それと寝ているとか、誰それの家はどうなっているみたいな覗き見趣味みたいなことを、日本という国のサイズまで拡大されたコミュニティーで話題にすべきなのか？　とは思いますけどね。

週刊誌が全国民に某タレントの不倫を知らしめたり、あるいはもう既に政治家を退いている某氏の夫であるというだけで、人の不倫をばらすほどの公益性はないんじゃないのと。公益性というより、本能としてそういうニュースが求められてるというのは仰るとおりだと思うんですけど。

中野　公益性を求めるんだったら、あんな形でやっていないよね。単純にエンタメなんだと思う。
三浦　週刊誌の人と話すといつも、オレたちはああいうふうに報道しているけど、だからって芸人や俳優業までやめなくていいんだよと。好感度やCM、スポンサーなどに累が及んじゃうのはしようがないにしても、という言い方をするんですよね。『週刊新潮』とか『週刊文春』級の媒体になると、そもそも、相当程度証拠があって、しっかり裏をとったものじゃないと載せてないわけですよね。裏をとれるようなものというのは、つまるところ、誰かが背後にいる。妻だったりその友人などの第三者だったり捨てられた愛人だったり、そういった人たちの強い怒りや恨みがあって、初めて記事として外に出るんだと。
中野　確かにねえ。変な別れ方をしたとか、変な扱いを受けたかして……それでも相手に何かしらの思いがあるかどうかが、スキャンダル記事になるかどうかの大きな原因の1つなんでしょうね。
三浦　ただ、彼らはそういう言い方をするんですけど、その思いは単に私怨ですよね。公憤と言うより。週刊誌という公器がその私怨を晴らすための場になってしまっているということでもあって、私たちはそこは引いたところから見なきゃいけないなとは思うんです。これはリベンジなのね、ふむふむなるほどっていう程度で見ないと。

中野　社会的制裁に見せかけた私的制裁の面があると。

三浦　そうなんですよ。週刊誌記事って、社会的制裁と私怨が入り混じっているのに、読者が混同してしまっているところがある。誰かの私怨を晴らすお手伝いって見方もできる。

中野　クレーム窓口みたいなね。

三浦　民事訴訟がすごく面倒くさい手続なのに対して、編集部にタレ込むだけでいいわけですもんね。取材に応じさえすれば、私怨が晴らせて、自分は匿名の「A子さん」という形で身分を守られる。そういう安心感で機能しちゃっているところもあるんだと思うんですね。

よくもめごとの相談を受けてきた経験もあるから言うんですけど、相談内容にそれ、本当に法的に訴えられると思っているの？　って思うことも多い。何らかの裁きが下されるべきだという信念持ってる人って、意外と多くて……でも、その「自分が嫌な思いをした」というのと法的な措置とは必ずしもつながらない。そこで満たされない人々の思いの受け皿が週刊誌報道になっちゃっている面はある気がするんですよね。私が嫌なのは、それが社会にリンチを呼びかけるものになってしまうから。

「愛の終わり」への恐怖

中野　さっき、「不倫と愛の破綻が繰り返されてきたからこそ」強い道徳感情が生まれ、不倫バッシングが繰り返されてるって話がありましたけど、「愛の破綻」がなんでバッシングを生むんだろう。

三浦　恋愛や夫婦関係がままならぬものであることはみんなが自覚しているじゃないですか。だからこそ、強い衝動でもって他人の不倫を裁くのかもしれないなって。

愛の不均衡ないし破綻は、人々の根源的な恐れの1つだと私は思っているんですね。人間は誰しもが死を恐れている。高度に社会的な動物なので、孤独も恐れる。それを想像力の豊かさで増幅するのが人間です。死んだ後に誰も自分を覚えていてくれないことへの恐怖は、動物にはないでしょう。死の恐怖と疎外の恐怖は似ていますね。人間にとって承認や愛情は特別に価値が高いからこそ、自分が与えた相手から同じだけの見返りを期待する。不倫をされることでその見返りは対等ではなくなり、自尊感情が傷つくんだと思うんですよね。
長年連れ添ってきた相手でなくとも、この人に唯一無二だと思ってもらっているから私は唯一無二なんだという形で、恋愛で自我を支えている人は少なくないんじゃないですかね。
中野　自己効力感の源がそれですね。
三浦　男性はいろんなところで子孫を残そうとするから浮気するんだ、深く考えてのことじゃない、というような記述は世に溢れていますけど、仮にそうだとしても、人間は本能のままに生きてるんじゃなくて、選択には意味があるんだと、やっぱり近代人は思ってるんですよね。
中野　思いたいだけにしてもね。
三浦　だからこそ愛が破綻することに恐怖する。昔であれば、多くの女性は親に決められたとおり結婚をしていた。けれども、いまの社会は結婚も自由な選択になった。伝統や身分秩序に縛られない人生というのが当たり前になると、突如として外部に規定されない「自由意思」が存在するということになった。ところが人間は近代以降、まさにこの「自由意思」に苦しむことになったわけですよね。

中国の張愛玲という作家の「中国が愛を知ったころ」という短編があるんですが、そこでは近代に目覚めた中国の若者たちが、文学と恋愛に自我のよりどころを求めるさまが描かれています。伝統に厳しく縛られてきた若者たちは、自由恋愛を通じて自我を花開かせます。でも結局は伝統的社会と近代化された自我とのあいだで引き裂かれ、やがては社会に飲み込まれていく。近代以前ももちろん苦しみは多かったでしょうが、自由であることの苦しみは少なかったんじゃないかと思うのですよね。

中野　基本的な人間関係の齟齬が起こる原因としての自由意思を想定すると、「自分の自由意思が間違った選択を生んだ」ということの帰結として、相手の自由意思を認めないっていう不合理をしばしば見かけますよね。何て言うんだろうな。相手の自由意思を尊重することがなぜ、人間にとって自然でないんだろうかと。

三浦　ああ。

中野　他人は自分の思いどおりにはならない。確かにそれはそのとおりで、誰かが自由意思を持ちながら自分の思いどおりになることはなかなかないでしょう。そこに不快感を覚えるのもそれはそうだろうと思いますよ。けれども、不快感を覚えるのは相手も同じだということを、あまりにも我々は冷静に受け取ることに慣れていないですね。

三浦　同感ですね。

中野　多少、頭を働かせれば、単純な話ではあるんですがね。不倫の問題になると、不満を持ってるのはあなただけではないはずなんだが、なぜ多くの人が被害者の顔になってしまうのか。やや過剰な印象を受けてしまうほどに、不倫をされた妻側の言い分だけが、どこか社会正義のように語られがちであるとか。また、不倫をされた夫側の言い分にも同様の現象はあって、不倫をした妻に対して汚い嫁っていうふうに書くネットスラングがありますけど、こう書いて何て読むんですか？　これはオヨメって読むのかな？

三浦　オヨメでしょうね。

中野　そういうことをまったく関係ない他人がこぞってラベルを貼るようにぶつけてみたりとか。一点の曇りもない正義が自分にあるかのように、その対象となる人を追い詰めて攻撃する言説をしばしば目にします。けれど、その内実は正義などではあり得なくて、単なるあなた個人の不満をそこに投影しているだけなんじゃないのかな、と感じられることも多いんですよね。

そういう言い方がされてしまうときに、対等な人間関係というものは事実上、想定されていないですよね。自分だけの自由意思の虚空の中に、自分の居心地をよくするための、構成分子のわずかな1つとして相手の存在があるだけ。そこでは、相手を含む有機的な人間関係というのは実際、認識の範疇外でしょう。互いに自分だけの宇宙の中に、かなりクローズドな形で存在している。そういう関係だったら別に結婚を、そもそもする必要があるのかとすら思うんですよね。一時の感情のために、人生の長い時間を制約されるというコストをわざわざかけなくても。

三浦　愛が終わらないという保証はないわけです。それなのに、私たちがなぜ、率先して「結婚」という束縛される枠組みを選択しようとするのかということについては、よく考えなければならないですよね。生活安全保障や子育て、同志的関係を維持することが目的なんだとしたら、性愛は別の自由意思として切り離せばいいのに、なかなかそうはならない。

中野　それそれ。

第2部　男と女の性と権力

よい恋愛に必要なもの

三浦　恋愛を美化するつもりはないんですよ、私。わりと美化してるふうに世間的には見られてると思うんですけど。

中野　そうだっけ。

三浦　不倫を否定しないというのは、何となく恋愛を美化してるようにとられません？

中野　ああ、そうなのかな。

三浦　ある不倫記事も、元をただせば奥さん側が漏らした情報が元になっていると聞きましたけど、報復感情を相手に抱かせるような恋愛の仕方というのもあるじゃないですか。そういう面を考えると、何かこう、うーん。恋愛ってそんなにきれいなものじゃないですよね。きれいだったらどちらかが忍従しているのか、失うものが大きいから保身しているのか。

中野　わりと血みどろな感じね。

三浦　恋愛って命を懸けた取っ組み合いみたいなもので、エゴがむき出しになる。不倫っていうのはある種、自分に負い目があるがために、かえってうまく存続する恋愛環境を提供したりもするわけですよね。とりわけ双方とも既婚者の場合はお互いさまで。

中野　うん。

三浦　相手に失う物があった方が安心という心理もあるでしょう。だからやっぱり、恋愛に必要なのは節度なのかなと。

中野　なるほど。

三浦　それがないと、地の果てまで追いかけて来たりするじゃないですか。

中野　おおお。互いを制限する枠があることで節度が生まれると。

三浦　とはいっても、掛値なしの恋愛というものをするだけの情熱や体力を持ち合わせながら、なおかつ人間として節度があるという組み合わせはそうないですよね。逆に、楽に節度を保つことができる人は「相手の幸せを願っている」と言いながら、そこまで相手に対する情熱がなかったりする場合もあるし。

中野　あるある。

三浦　だからそううまくいくものとも思えないんですけどね。恋愛に身も心も邁進すると、相手の人生をほろぼしにかかる人もいるでしょう。よく週刊誌に出る不倫ネタでも、つき合った女性が結婚してと迫って奥さんと別れさせようとするケースもあれば、逆に男性が追いすがるケースもある。じゃあ、それってほんとうの恋愛なのか。ただ単に節度のない執着心の強い人ということかもしれない。

でも、恋愛にまったくのめり込まない人というのは、やっぱりどこか自分を守るために臆病なところがある気もします。自分を守るのは悪いことじゃないですけど。傷つかないですむために、わざと見返りを求めない関係とか、「結婚に縛られない愛の形」みたいな後付けの言い訳を付け加えた結果として、求めず十分に与えもしない関係が出来上がるのかもしれないですね。

中野　一見、さらっとした大人の関係だけれど。

三浦　ええ。そのカジュアルさは一方で、人間を徐々に傷つけもするのだと思うのですよ。カジュアルなつもりで、実は本人は恋愛をしていたことに後から気づくパターンもありますから。金原ひとみさんの『アタラクシア』、これはまさにどんぴしゃり、不倫。この『アタラクシア』の中に出てくる不倫のつらさみたいなのって結構現代的だなという感じがするんです。
中野　どこらへんが？
三浦　あのね、恋しているとか愛しているみたいなのって、本人含めてほんとかどうか誰も分からないわけですよね。
中野　それはそうだろうな。でもその分からないっていうのは、ちょっとまやかされている部分もある？
三浦　そこをある意味、さっと身をかわして楽に生きている人というのもいます。男性の例が多いですが、深く考えない。逆に、相手の女性は本気になって、愛されないことに絶望する。でも、後から考えてみると、別にそんなに「好き」の度合いに差があったわけじゃなくて、単にその人としっかり向き合わなかっただけだったりするんです。片身で関係を持ってしまって、後からその結果に苦しむというような。それに、時が経って女性の側がしっかり立ち直って、もはやその人のことを何とも思わなくなっているのに、案外、当時片身で接した男性の方が関係をよく覚えていて未練を引きずったり。
中野　「片身で関係」ね。言い得て妙ですね。
三浦　別にカジュアルに婚外恋愛をしたり、偶然寝てしまったりしても構わないと思うんですけど、でも、人と向き合うというのは、そんなちょっとした邂逅でさえ、結構エネルギーが要るもんだよということは覚えておいた方がいいと思う。楽な世界ではないんですね、自由恋愛って。ただその一方で、変な言い方ですけど、さっき言ったような「節度ある不倫」というんですかね、をやっているカップルは結構、世の中にはたくさん存在するのかなというふうに私は思ってます。

中野　節度ある不倫っていいなあ。何かもう、世の中に訴えたい、これを（笑）。互恵関係というか、お互いに資するところがあって、迷惑をかけないようにしようねっていうのがきちんと保たれているのであれば、それはトレラント、寛容でいられるっていうかな。そういう不倫なら許容の範囲内なのでは？　と自分は思いますけどね。

家では男尊女卑、外ではリベラル

三浦　これ、必ずしも脳科学にはまる事象か分かんないんですけど、気になることがあって。身近な人に対してさほど愛情を注がず、割と広く社会的な弱者に対して愛情を注ぐという、リベラルの一つの形態ってあるじゃないですか。ちょっと不倫と離れちゃいますけど、男尊女卑的な家庭を維持しながら、いわゆる左派的、リベラル的な活動をしている人というのがあまりに実は多くて、それはなんでなんだろうと。

中野　面白い視点ですねそれは。

三浦　同時にそういう人が、割と性に開放的だったりもする。単に家庭にも優しくて、愛人にも優しいというのであれば、それはそれでまた別のパターンだと思うんですけど、家庭に対しては非常に搾取的な一方で、外では愛人をつくる。そういうタイプの人が、往々にしてというか、うようよいるんですよね。この存在がずっと気になっていたんです。

中野　目を向けたことなかったけど、確かにいるな、そういう人。みんなと60％の関係を結ぶ、みたいな人ですよね。

これも愛着で説明できるかもしれなくて、「ボウルビィの愛着理論」というのがあるんですけれど。愛着理論をより脳科学的に進めるのが最近はややはやりで、ここでオキシトシンが出てくるんです。オキシトシンの受け止め方によって、人との関係性はちょっと変わってくるということなんですが。

三浦　それは？

中野　オキシトシンの受容体密度が薄い人、普通の人、濃い人というのがいて、6割ぐらいが「普通の人」なんですね。この普通の人というのは、幼少期にどういう反応を示すかというと、お母さんがいれば安心している。お母さんが離れていくと寂しくて泣いちゃう。でも帰ってきたらまた安心する。

ほかの残り2割ずつというのは、濃い方は「不安型」といって、お母さんがいれば安心なんだけれどもいなくなると泣いちゃう。受容体密度がちょっと高すぎるか、バランスが悪い。このタイプの人は、オキシトシンの受容体密度がちょっと高すぎるか、バランスが悪い。お母さんは自分のことを見ていてくれるはずなのに、何で僕を／私を置いていったんだといって非常に相手を責めるんです。情が濃いというか、女の人だったら、来てくれないと死んじゃう、とかって大人になるタイプ。

三浦　常に不安定で相手を巻きこんじゃうんですね。

中野　そう、地雷タイプの人。一方で、「回避型」というタイプがいて、これはオキシトシンの受容体の密度が薄い。その場合、お母さんがいなくなってもあまり泣かない。帰ってきても、泣きも甘えもせず、平然としている。大人になっても、誰とも深い関係を築かない。何でかというと、深い関係になって、その人から傷つけられるのが嫌だから、そうやって自分を守っているんだって説明されることが多いです。

三浦　それは生まれつきなんですかね。そのオキシトシンの受容体の密度って。
中野　生まれつきで決まるわけではなくて、生まれて半年から1歳半までの間に特定の養育者との関係によってオキシトシンの受容体は形成されるんです。
　大人になっても、パートナーとの関係によってちょっと変わっていったりするんですよ、密度が増えたり減ったりして。子供のころほど劇的じゃないんだけど、「回避型」の人が普通になったり、メンヘラっぽくなったりとか、そういうのはあります。
三浦　変化するんですね。
中野　「回避型」の人は、いろいろな人に育てられるとか、子供のころから自立的に育てられるとか、そういうことをするとなりやすい。だからもしかしてリベラルなご家庭って、そういうことがあるのかなと思ったので面白いなと思ったんですよね。誰か特定の1人を愛するのは差別だ、みたいな考え方に近い感じですかね。

家庭環境による反復

三浦　児童虐待やDVなんかのケースであるのは、家庭の中で母親が明確に尊重されていなかったり、暴力をふるわれていたり、あるいは逆に母親が父親を精神的に傷つけるようなことをずっと言い続けたりして、まあ相手の尊厳をずたずたにしながら生きていくみたいな家庭ってありますよね。そういう家庭で育った人の、心の傷みたいなこともよく言われますよね。

中野　ああ。ありますねえ。

三浦　何となく私はそこまで極端ではないにしても、そういう環境がちらっとでもあると反射的に嫌だなと思うんですよ。いわゆる「児童虐待は繰り返される」ということもよく言われますけど、同様のことが異性に対してもあるのかなと。家庭環境による反復ですね。もちろんこの場合はぶったりけったりみたいなことに限らず。

中野　言葉によって心理的に追い詰めるような虐待ですね。

三浦　そういうのが受け継がれてしまったりもするのかなと思うんですけど。

中野　それはもう大いにあり得る話で、対人コミュニケーションのひな形のようなものを「内的作業モデル」というんですね。そこで感情の処理とかそういうのを何をもとにつくるかというと、やっぱり親のコミュニケーションの様式をもとにつくる。だからけんかが絶えないおうちで育った人は、けんかしないとコミュニケーションをとっている感じがしなかったりするもんなんです。

そのモデルは別に生まれつき備わったものじゃないから、変えていけるのですが、変えるチャンスがないとずっとそのままになる。

三浦　これまで、「女性を大事にせずに男性が不倫する……」みたいなパターンをいろいろ考えてきたと思うんです。いわゆる気が多いというか、いろんなところに振りまいちゃうっていうタイプもいれば、女性を大事にしない、妻の気持ちを踏みにじる形で愛人をつくるような人もいる。そこは権力欲というのも関わっているんだろうと私は思うんですけど。

中野　男性の女性に対する支配欲ね。

三浦　最初、専業主婦の妻をめとったとしますね。養うことには上下関係が生じがちなんですけど、とはいえ、やっぱり長年一緒にいると、妻も強くなってきますよね。そうするとその男性も、必ずしも思うような関係性をもてなくなる。そういうときに、不倫を通じて力を行使する、そこで高揚を得ようとする人もいると思うんですね。その場合、不倫は恋愛というより「失われた力」の回復の一手段にすぎない。

中野　力のデモンストレーションとしての不倫か。

三浦　そういうことなんじゃないですかね。ある情報番組に私が出たときに、共演している弁護士の方が浮気に関して定見を述べたんです、彼なりの。

中野　なんか面白そう、それ。

三浦　要は中高年男性はある一定の年齢になると、過去のロマンスを思い返してする不倫というのがある……みたいなね、彼なりの類型を話し出したんです。堅物そうな人が、いきなりそういうことを話し始めたというのが面白かったんですよ。

その中で彼は、ロマンスを思い出して自分を再確認するための不倫もあるよなみたいなことを言っていたんです。不倫と言ってもいろいろなパターンがあると思いますし、愛着を求めていると取るのか、権力を行使していると取るのか……そこはちょっと動機の重みづけが違うと思いますし、彼の言っているロマンスがどれを指すのかはわからないです。でも、やっぱり恋愛というのは、あるいは性行為というのは、2人以上いないとできないですよね。

中野　確かに。

三浦　2人いる関係において、相手に受容されるというプロセスと、あと、相手に何か関わっていく、エンゲージするっていうプロセスがあって。物理的にも精神的にも関わっていくということは、ある意味で極めて権力的だと思うんですよね。結局、人間は他者に受け入れられることとか、自分が関わったことの効果を確認したりということを通じて生きていく、そんな社会性のある動物なんだな……とお話を聞いていて改めて思って。

配偶者との間が唯一無二の関係で、そこがうまく満たされている人であれば、多分不倫って生じないんでしょう。だけれども、快感の得方とか、社会的な関わり方とかにその人の育った背景だったり、生まれつきの性格というのが関係してきて現れ方が違ってきちゃうんだろうなというのを何となく納得したんですよね。

権力欲と性

中野　その弁護士さんのロマンスを求める発言は非常に面白い。
三浦　絶対に自らを投影していますもん。
中野　すごい納得。
三浦　納得しますよね。人間というのは弱いもんだよということが私たちは分かって生きていますけど、そこにもう少し理由が与えられると、より理解が深まっていいなと。
中野　癒やされたい、絆を確認したいというのと、権力についての指摘。それもすごく面白いなと思ったんですけど、絆の話はさっきの愛着理論で説明できるところもあるんですが、権力の方はどうだろう。
　こう考えるとちょっと面白いかなと思うのは、性的欲求の中枢というのは視床下部にあるんですよね。男女でやや性行動に非対称な部分があるので、差異はあるんですけれども、例えば男性の「攻撃」と「性的な快感」の回路って、一部、共有されてるんですよね。そういう事情もあって、攻撃することがいいことだと勘違いしている脳の男性もいるんですね。で、女性の場合、「恐怖」の回路がある程度共有されているんです。
三浦　ああ。聞いたことあります。
中野　男性の場合は攻撃の回路と共有されているので、必ずしも愛情の行為ではなくて、攻撃に使う場合があるんですね。男性の方が性犯罪を起こしやすいのは明らかにそのせいです。女だったら誰しも嫌な思いをしたことがあると思うんです。失礼な言葉を投げかけられるということから始まって、すごくトラウマチックになるような体験まで。同じことを女が男に与えるってなかなか難しい。もちろんゼロではないんですけれども、けっこう非対称なんですよね。
三浦　そうでしょうね。

中野　そういう意味では、男性が権力だったり自己効力感を確認する手段として性的行動を使ってしまいやすいというのは分からなくはない。分かると言っても性犯罪なんかもちろん許されるものではないですけれども。

ところが女性の場合は、恐怖と回路が一緒になることがあるので、人によっては、恐怖を与えられたことが愛情だというふうに勘違いしてしまう場合があるんですね。そういう人の姿を見たことがあると、喜んでいたじゃないかって言う男性もいる。こうなるとすごく問題が厄介。違うんだけど、怖がってたんだけどって思っても、そういうことで喜ぶ人も実際いるから、なかなか言いにくかったり。あるいは相手が冷静であればそれも理解してもらえるかもしれないけれども、もう理性が飛んじゃっている状態ではなかなか説得に応じてくれないというのもあったり。

三浦　なるほど。例えば彼氏が束縛するタイプの人だとしますよね。それで女性がパーティー会場とかでほかの男性とちょっと親しげにしていた、みたいなことがあったと。それが原因で事後に暴力的に肩をつかんだり揺さぶったりした後、性行為に及んだとき、そういう支配欲みたいな攻撃性を発露する男性に、女性は恐怖を感じてるんだけど……。

中野　それを愛情と勘違いする人もけっこういる。

三浦　それはよく分かりますね。彼氏からＤＶを受けてきた人というのはなかなか目覚められない。それは一つには、愛情と攻撃を繰り返し交互に与えられるからだと思っていたんですけど、今のご説明によれば、恐怖を与えられている瞬間でさえ、勘違いしてしまっている女性がいるということですか。

中野　そういうことですね。つまりティピカルなのが「壁ドン」っていうやつだと思うんです。私あれ、すごい嫌いなんですよね。だけど、どうも一般的にはいいとされているようなので、その感覚は自分にはよく分からない。でも、要するにあの壁ドンの様子って、「支配されている」「身動きとれなくされている」わけですよね。そのことを、あ、自分は要求されているんだと感じて喜ぶわけです。そういう回路があるんだなということですよね。

三浦　飲み会の席などで男女間のトラブルが発生するのはよくある話ですが、「壁ドン」的状況に対して、女性がフリーズする場合もあれば、あるいはその恐怖を誤解して愛情だと勘違いしてしまう女性もいるということになりますよね？　つまりは、男性がそういう「壁ドン的行為」に及ぶのは、それなりの打率があったということが背景にあるのかもしれない。でもそれだと女性の自主性は守れないいんですよね。

中野　その男性なりに学習した結果なんだなって思うよね、どう考えてもそう思います。

三浦　セクハラで訴えられたりするような男性は、何がまずかったかが永遠に分からないタイプが多いんですけど、それっておそらく、女性全員が同じ反応をするわけがないのに、それなりの打率だったもんだから訴えられるような行為であってもやり続けてしまったということなんでしょうね。

ただ、私は正直、男性の心理はどうでもいいというところがあって。だから、そんなの分かれよボケ、で終わりなんですけどね。

性的同意と紅茶

中野　支配されることがすごい嫌なタイプ、私みたいなタイプもいれば、「壁ドン」をすごくされたいというタイプの人もやっぱりいて、そのバリエーションが面白いなとは思いますね。

三浦　私は中間的なところと中野さん的なところの間ぐらいにいると思うんです。状況を選ぶというか。

中野　そうか。あと、相手も選ぶ。

三浦　相手も選びますけど、その瞬間にすごい嫌になることがあって、それなりに好意を抱いている相手でも、瞬時に嫌になることってあるんですよ。その感覚って、けっこう多くの女性が持っていると思うんですけど。

中野　そうかもしれない。

三浦　イギリスの男性向けの啓蒙CMで、性行為を紅茶を飲ませることに例えてるものがあるんですね。倒れて意識がない人に、無理に紅茶を飲ませませんよね、とそういうふうに性的同意の意味を教えているんですね。そのイラストがかわいいのでけっこう面白く見ていたんですけど、その中に、女性が紅茶を入れてって言ったり、あるいは男性が紅茶を入れようかって言って、うん、お願いしますと女性が言って男性が紅茶を入れている……間に女性の気分が変わる、というパターンがあって。

中野　あはは。それはありそう。

三浦　これは性的同意を与えたことにはならないんだと。女性の気分が変わるということも含めて理解しなきゃいけないんだって言ってたんですね。これはそのとおりで、結局性行為とか性的な行為にはいわゆる権力的なものとか、あるいは触る触られるみたいなすごい親密なエンゲージメントが含まれますよね。それがゆえに、やっぱり女性はそれを恐怖と感じたり、あるいはほかに逃げ道がないみたいな環境を楽しむ場合もあるでしょうけど、瞬時に嫌になる場合もある。最初から嫌っていう中野さんみたいな人もいる。そういうことをもうちょっと理解されなきゃいけないんですよね。

中野　確かにそう思いますね。僕にも優しくしてくださいよみたいなことを言う男性がいるんだけど、そんなわけないでしょう。

三浦　何じゃそりゃ。

中野　そんなわけないでしょ？

三浦　公共物じゃないんだから。

中野　何でそういう回路なのかも全然意味が分かんない。男の人がよく分からないのかもしれないな、私は。

三浦　関係性の結び方というか距離のとり方に関しても、別にため口で普通に仲よくこっちも楽しんでしゃべっているときもあれば、「さん」づけで距離を取る場合もある。その状況に応じた変化があるのが自然だと思うのだけれど、相手の思うとおりに私の気持ちが変化していないと、「気まぐれだ」みたいに言われることがないですか。

中野　言われるね、それ。言われる、わがままとか言われる。

三浦　でも、それでいいじゃないかって思うのですけどね。別に性行為に限らずですけど、人間と関係性を取り結ぶときの「気分」を大切にしようというのは基本原則にしていいんじゃないか。

中野　本当にそう。「空気読めよ」って言いたい、むしろ、何だろう、例えば今の紅茶のたとえで言うと、1週間前に紅茶飲みたいなって言ったのを、今日もまだ飲みたいと思っていると思い込んでいるというか。もう1週間たったよ？　って思う。

女が性的に奔放になる理由

三浦　ちょっと話ずれるんですけど、女性の心理でいろいろまだ伺いたいことがあって。例えば性的に恐怖を与えられた女性がその後、性的に奔放な生活を送ったりする場合もありますよね？

中野　いるな、そういう人。

三浦　私はいまだに頭の中で論理的に理解できていなくて、そういう傾向が確実にあるというのは、若い時分をふりかえってもそう思うんですけど、ただ、それって恐怖に対する順応なんじゃないかと。

中野　その説明は多分、一番ライクリー、ありそうなことだと思いますね。例えば東北の子供たちがやる「津波ごっこ」。東日本大震災のときに話題になったんですけれども、被災者の子供たちが「津波ごっこ」とか「地震ごっこ」とかをやって、お母さんたちがこれはちょっといかがなものかといろいろなところに相談する事例が増えたんですね。

三浦　ありましたね。

中野　あの「津波ごっこ」とか「地震ごっこ」というのはよく知られていると思いますけれど、実は止めちゃいけないんです。怖かったことを追体験することで、学習しているんですよ。そんなに怖くなかったんだと思いたい、だから何度も何度もやるんですけど、記憶ってそういう性質がある。こういうことがあったという事実の記憶、出来事の記憶は変わらないけれども、何度も想起したりすることで意味づけを変えようとするんですね。

想起したり、意味を脳内に格納したりするプロセスの中で、ちょっとずつ意味づけを変えていく。だから性に恐怖を感じた女性が普通よりも多くの性行為を必要とするというのは、説明としては合っている気はしますね。

三浦　その行為の恐怖に自らを慣れさせるということですか。

そもそもが、男性に対する一般的な恐怖心というのは、やっぱり女性にはあると思うんですよね。これは別に性的虐待を受けた人じゃなくても。だって、要は、物理的に入ってこられちゃうわけですから。そりゃ怖いだろうと。だから女性の男性に対する順応って、恐怖を与えたり危害を加えたりする存在じゃないと思い込むと同時に、性的な欲望の対象として自らを位置づけようとする。そうすることで、男性の真の攻撃対象となることから逃れようとする本能があるんじゃないかというふうにずっと思っていて。

中野　それ、確かにそうだと思います。男性からの性的接触を、心理的に、これは攻撃じゃないんだ、っていうふうに持っていくということでいいのかな。でも、そういうのは確かにあると思う。心理的な防衛機制。

三浦　防衛機制か。それが私たちの恋愛をゆがめてしまっているケースってかなりあると思うんですね。

中野　「津波ごっこ」だって、お母さんたちが見ても何でだろうって思うようなものだったわけだから、何でそれが必要なのかが伝わらないとね。特に性行為の場合は相手があることだから、自分の感じていることとは別の印象を相手に与えてしまうことがある。そこで関係性がゆがんだり、普通じゃないのかなというふうに思われちゃうことはあるかもしれないですね。
三浦　女性はいわゆる防衛本能から笑顔になったり、気まずさからも笑ったりするじゃないですか。そういうことですらけっこう間違って取られたりする。へらへらしてる、とかって。
中野　ほんとね。笑いというのは解釈が難しいもので、特に日本人はね。気まずさとか緊張を和らげるためにあえて笑うということをする国なんですね、自然に。日本人に特徴的だという話はあるんですけれども、緊張を和らげるために笑うというのは、ほかの国の人もやることではある。その、緊張しているから笑うんだ、怖いから笑うんだ、ということが周知されていないのはちょっと危険ですよね。性犯罪の事件を見てて思うのは、警察の人も裁判所の人もあまり知らないんだなということ。こういうことは学校の保健体育の授業でやっておけよと思うんですが。不思議だと思います。
三浦　ある程度抵抗はしたけど、全力で抵抗しなかったということをもって、これは性的暴行ではないと定義した時代があった。今は大分変わってきてはいるんですけど、それでも実態からするとまだかけ離れているなと思いますね。
中野　確かにな。

三浦　一方で、こういうことをツイッターでつぶやいたりすると必ずリプがあるのが、「嫌よ嫌よみたいなのから始まる関係もあると思うんですよね」みたいな意見。私のフォロワーの中にもいるんですけど、そういうことにすごい固執する。

中野　何でだろう。

三浦　わかりませんよ。わからないけど、旧秩序の中で育ってきた人が、権力行為を愛着や愛情だと勘違いして、相手が辛うじて受け入れたことも自発的な受容だと見誤り……みたいな何かそういう誤ったところが全部結晶化されてるんじゃないですかね。

中野　大体、嫌よ嫌よで始まった関係なんて長続きしないよと思うけど、この辺の誤解というのは何で頑固なのかな。

格差は残る、家族は変わる

三浦　女性が社会的に強くなっていっても、だからといって性的なものから欲望や満足感を得ることもなくならない。だとすると疑問は、この先どうなるのかということなんですね。

最近はハイヒール・フェミニズムと言えばいいんですかね、「私はフェミニストだ」

と言うのが若干ファッションアイコンに近い。女性としての美しさとかそういうものを追求してもいいんだよというのは、かつてのフェミニストの苦しんでいた感じとは大分違うじゃないですか。今後はそういうふうに、女性は性的魅力をしたたかに武器に変えて、奪いたいものは奪うし、ステップアップにも使うし、ということになるのか？

それとも、最近こっちもこっちで幅をきかせていますけど、とにかく性的にふしだらなものは許さん、みたいな方向に行くのか。女性を性的な目で見るあなたたちこそが不潔です、みたいな方向ですね。どっちが多数派を占めるに至るのか、そこがよくわかんないんです。

中野　これは面白いですね。どうなるのかな。世代を経ていくと、どっちの方が増えるかと言ったら、ハイヒール派の方が増えそうだけどな。でも、短期的にはどうなんだろう。子供の数を増やす意味で言ったら、魅力を使った方がいい気がしますけどね。

三浦　一夫一妻制というのは、弱い個も配偶者を持てるというシステムじゃないですか。昔の視点で言えば女性を奪い合わずに済む。男性間の平等をある程度支えるシステムですよね。

ただ、女性が男性と変わらない権利を持つようになったときに何が起きるのか。実は、男性の優遇もなくなり、そして財力や性的魅力といった格差は残る。そんなに平等な社会になったとは思えなくなる人々がでてくるわけですね。最近ではツイッターなどでアンチフェミニストの男性たちとフェミニストの女性たちが激突するシーンが増えた。非常にギスギスした雰囲気です。アンチフェミニストの男性たちからすれば、要は女性が弱いなら守ってあげたいし、僕たちは紳士でありたい。けれども、女性が僕たち弱い男をないがしろにして、高い収入の男を求める一方で、弱者として相手を攻撃する正当性があるようなフリをしていると、女の方が弱い男性より恵まれているじゃないか、という主張が出てきているんです。

中野　おお。

三浦　これが一つの典型なんですけど、両者の側に攻撃性が見られる。老舗のタイツメーカーのツイッターアカウントが炎上しましたよね。タイツをはいてる女性のさまざまなイラストをいろんなイラストレーターに描いてもらってツイッターで公開したら、「ストッキングの女性を性的な目で消費している」「性的搾取だ」と非難が殺到した。これなどはフェミニストが表現の自由を抑圧する側に回っているわけで、そこまで介入するのはどうなのっていうフェミニスト批判者の気分は分からんでもない。ただ、客観的に見れば彼らはプライドの高さにおいても、自らを弱者だと認識する点においても一定程度共通点があるんですけどね。

中野　確かに共通してそうだね。

三浦　こういうことが女性が対等になるに従って増えていく気もしますし、だとするとどういう社会になるのか。女性の地位が高いとされる北欧では、我々の社会よりも大分、階級格差みたいなものが大きいと思うんですよね。低い収入の人は低い収入の人同士で結婚していると思うし。

中野　していますね。

三浦　お互いに収入を稼いでいないと家計が成り立たないぐらい給料が低いから、当然共働きで、だから当然、男女平等でというふうになる。そこはそこでうまく男女平等で機能するにしても、やっぱり相変わらず美女は存在するはずだし、そこに対価が見出されることも確かだろうし。そう考えると何かよく分からない、整理できないんですよね。

中野　多分一元化はしないだろうと思うけど、一番影響を受けるのは、結婚の形みたいなことなんじゃないのかな。

今、私たちは一夫一妻制で家に一緒に同居するということを、古来変わらぬ伝統かのように思っているんですけど、そういうことは実はあまりないわけです。通い婚とか乱婚的な形態の社会もあるわけですよね。母系社会のように女性のもとに男性が通って、お父さんが誰かはよく分からないけれども、とりあえずそのお母さんの子供だったらいいという形態もあった。女性が自立していくというか、女性側にリソースが偏ることもあり得るとすると、そういう形も増えていくんじゃないのかな。

少なくとも、今みたいな家族の在り方というのはなくなっていくかもしれない。子育てするのに母親に多くの負担がかかりすぎるし、有利な環境じゃない。相当無理がある形だとは思う。

三浦　家族の形態が変わると？

中野　アンチフェミの男の人が恐れているのは、女性が選ばれるリソース、奪い合われるリソースだった時代から、自身がリソースであることを拒否し始め、女性も男性と同じ経済的リソースや社会的地位を奪い合う側に参入してきたということですよね。競合相手になるかもしれないということが怖い。ただ、確かに経済的には競合相手になるかもしれないけれども、協働するという選択肢があるのにね。その可能性に目を向けないのは不思議。

男の「殺気」

三浦　男性の一つの満足の在り方として、女性をかばったり、女性を助けたりするということが埋め込まれちゃっているということですか。

中野　埋め込まれているんでしょうね。これは私たち霊長類なんだなって思いますけどね。

三浦　霊長類はそうなんですか？

中野　霊長類の特徴といってもいいと思うんですが、特にオスの側にあるのが、ヒエラルキーの上にいないと食いぶちがもらえないということなんですよね。ヒエラルキーをすごく意識するのはやっぱり男の人かなと思うし、いわゆるマウンティング行為というのは女性でも起こると言うけど、男の人のほうがはるかに激しい。

三浦　そうなんですか。

中野　ヒエラルキーを確認するための一つのシンボルがやっぱりよいメスを得ているかどうか。だからなんだかんだ言いながらも、そういう仕組みというのは長く続くんでしょうね。今の家族の形が変わるにしても、ハーレムみたいなものもそこそこ残るんじゃないだろうか。

三浦　男性の一つの攻撃性のあり方として、望ましい女性が自分の手に入らないことを自覚したときの、攻撃性というのはありますよね。

中野　それが僕にも優しくしてくださいよだ、多分。

三浦　ソフトな形でのね。誰か「別のオスのもの」である、と整理できれば混乱しないのかもしれませんが、攻撃性が女性に向く場合もある。女性からはちょっと受けないタイプの攻撃を男性から受けるということがありますよね。

中野　あれ何なんだろうね。

三浦　それね、すごく思ったんですよ。男の人に殺気と自制心みたいなのを感じたことがあって。これはやっぱり望ましいメスに対して、しかし、自分のものにも自分の思いどおりにもならないことを自覚したとき、殺気を出した後に瞬時に消しているんだろうなと。

中野　分かる。妙に説教じみた、女が活躍し過ぎるのはいかがなものかみたいなことをすごく言われるときがありますね。単に気に入らないのかなと思って、ちょっとその辺は私、あまり見ないようにしてきたけど、ひっかかってはいましたね。

三浦　女は断られて敵意を覚える割合が少ないんじゃないかしら。オペラの『ドン・カルロ』では公女が王子に拒絶されて復讐心に燃えるシーンがありますが、これは身分も関係ありますよね。ナンパで断られたら殴るみたいな攻撃性は普通女性はもたない。私は基本、友好的な人間ですけれども、それでも敵意にさらされたことは何度もあります。

あ、私、今からすごく本質的なことを言おうとしてる。つまりこうですよ。手に入るのは無理だとしても、オレをリスペクトしろ、ということなんじゃないかな、殺気の淵源は。本来、男女の仲というのは信頼関係や心地良さから発するはずなのに、敵意と背中合わせってすごいえげつなくないですかってこと。

中野　リスペクトを強要しないと築けないコミュニケーションというのは切ないなあ。

女としての防御の仕方

三浦　実際、私がアクティブで積極的になれたというか、普通にこうやって踏みとどまっていられるぐらい回復したのは、自分なりに防御のすべを学んだからですよね。

一つは「透明シールド」なんですよ。外部からの性的な、あるいは敵意のある視線や態度に対して、私にしか見えない「透明シールド」で自分の心を守るというのがあるんです。

もう一つは、基本、みんなのことを好きになるように、いい面を引き出そうとする心がけですよ。私は誰に対しても割と悪意に取らないよう、善意に取るようにすることによって、世の中が恐怖ばかりではないという世界観を持っているというか、つくり出したんでしょうね。

中野　なるほどな。そうやって守っているのか、すごい。

三浦　そうすると、もともと期待していないし、完全に絶望からスタートしているので、仮に相手がプレデターとしてやってきても、それはこの箱に入れればいいんだなというふうに取り合わないでいられる。多くの男性はプレデターではないし、多少の攻撃性を持っていたとしてもその境目にいるので、善意で接すれば善意が返ってくるリターン率はそれなりに高いんですよね。女性だってそうですよ。善意で接することがこちらにできるすべてですから。ダメな関係はダメだし、期待する方が間違っている。

多分そうやって私は人に対する恐怖を克服しているんですけど……なぜか世間からは違うように見られる。この前ある取材に来た人が、私は男性をあしらっているというふうに見ていて。

中野　そう見えるのか。

三浦　例えばダウンタウンの松本人志さんと番組に出ているときに、松本さんからいろんな突っ込みがあって、私がそれを流したらしいんです。でも、私はそもそも松本さんのこと全然嫌じゃないし、言っちゃあけっこう好きだし。嫌いな人とそもそも共演しないですよね。私、共演するのがちょっと、という男性っているので。

中野　いるんだ。

三浦　別にその人に対して悪意があるわけじゃないけど、思い出して嫌な気分になっちゃうと普段通りに出演できませんよね。それはともかく、私はけっこうおもねる人間だと思われているんだなと。男性に対して媚びるというか、そういうイメージを持っておられたことに対して私はびっくりして、その取材の時に。

中野　美人だからじゃない？　多分。勝手に男の人が勘違いするんだよ。

三浦　でも、私が善意で接するというのは別に異性としてどうこうって話じゃないんですよ。

中野　それはもちろんそうでしょう、もちろんそうだと思うけど……勘違いされるのはやっぱり美人だからだよ。

三浦　ちょっとパーソナルな悩み領域に突入しちゃいましたね。

愛とセックスは切り離せる

三浦　愛とセックスとは最終的には切り離せるものだと私は思っているんですけれども、愛の究極の形としての無限の優しさみたいなものに到達するのは、人間にとって至難の業ですよね。

結婚にコミットするというとき、なかにはいろいろな要素が込み込みで入っているんです。良いときも悪いときも人生を共にし続けるということ、性的に忠実で貞節であるということ、あなたという存在は私にとって唯一無二の存在だという表明や……。

中野　結婚式で誓いの言葉とか言ったりするわけですものね。全面的な相互肯定。

三浦　先ほど話に出た、なぜ相手の自由意思を尊重できないのかということについてですが、これはまさに自由な選択であるという仮定があるからこそ、許せないのだと思うんです。浮気にせよ、関係そのものの破綻にせよ。自由意思を信じるからこそ、相手の裏切りは千倍万倍恨めしい。それを、相手の立場に立ってみて、ぐっと堪えるのには相当な精神力を必要とする。

女性に稼ぐ力がなかった頃、親の縁組みで結婚を決めて、それで夫に不倫されるというのとはやっぱりちょっと違うんですよね、意味合いが。その場合、女性にとっての最大の恐怖は生活不安であり、妻という社会的身分を失うこと。自分のところではなく他所の女性や子どもにお金が入ること。離縁されて乗り換えられること。もう完全に生活安全保障の懸念が先に立ちますよね。逆に、生活の安泰に影響を及ぼさない不倫には目を瞑ることもままありえた。

でも、今は多くの女性が自立できるようになりました。現代における不倫も結婚の解消も、男だけがするものではなくなった。従って、女も男も、愛されない孤独や報われない関係性に、自由であることを前提として耐えなければならなくなった。だけど、世間の女性の意識はまだどこかハイブリッドになっているところがあるんじゃないでしょうか。権利意識が向上したからこそ、すべて込み込みの婚姻契約への違反として、正面から不倫が叩かれるという現象が見られるのかもしれないですね。男がお金をより多く払っていても、女性は家事や子育てをより多く担っていることを思えば、浮気を見逃す理由にはならない。離婚しても生きてはいけるし。

中野　生きていけますよね。

三浦　女性の地位向上の過渡期としてこういう時代があるのは構わないけど、男女が本当に対等になったら、そこはやっぱり相手の身体を縛る方向に行くのには無理があるんじゃないですかね。

中野　それはそう思います。

三浦　収入の格差がなくなればなくなるほどそうだろうし、お互い育児負担が平等になれば縛られている度合いも同じになってくる。だから、今は女性の地位向上の通過点なんだろうと思ってます。

ただ、さっき私が言った自由意思の問題というのは、近代に放り出されてしまった人間の自我を支えるための苦しみなので、終わりを告げることはなくて、恐らくこれからずっと続いていくんですよね。むしろ仮に権威主義的で階層秩序に組み込まれた社会になったら、もっとみんな楽になるはずなんですよ。

中野　例えばジグムント・バウマンの言う「ソリッド・モダニティ」的な社会？　つまり、現代を「リキッド」とした場合のそれ以前。

三浦　あるいはもっと以前の社会ね。自分が何をしてもしようがない、システムにのみ込まれて生きるだけだ、その中でなるべくよりよく生きよう、みたいな、ある意味、保守的な生き方ができれば水に流せるようになるのかもしれないし、それが恨みにはつながっても、現代のような孤独と存在不安に苛まれる方向には向かわないのかなっていう気がしますけどね。

パートナーは「帰る場所」か

中野　自由意思を最初から持たないように設計されている真社会性の生物ならそれはうまく回るのだけれど、人間ってカロリーの5分の1も使って脳を維持してるんですよね。そうやってわざわざ各個体に自由意思を持たせているのに、制度が不完全にコントロールを加えている状態というのがどうも……なんかシステムとして冗長すぎじゃないですか?

さっきの社会経済的要因に関してはそのとおりだと思う。今が過渡期にあって、そういう時期に不満が噴出しやすいのも、とてもよく分かるんですね。

ただ不思議なのは、自由意思によって自分が選び取ったはずの相手から、自分が選ばれないかもしれない、あるいは間違った選択をしてしまったという後悔、などからくる心理的な不安定さを、でもパートナーだけによって埋めることができるんだろうかっていう、そもそもの疑問があって。ほかの人間関係をあまりにも捨てているように思える人も中にはいて。

三浦　いますね……。

中野　何かこう、結婚生活にあまりにも依存しすぎてません？（笑）　家族の絆っていうものがあまりにもタイトで、ほかの人間関係がすごくアンバランスな気がしますよね。そういうところがむしろ、過剰に見えるバッシングの原因にもあるんじゃないかなとも思うんですよね。

三浦　それもあるかもしれませんね。

中野　家庭の外で働いていたら、魅力的な異性なんて――異性じゃなくて同性でもいいんですけど――言い換えれば魅力的な性的パートナーたり得る候補の存在なんて腐るほどいるでしょう。その中で一緒に暮らすのに適した相手が今のパートナーですっていうぐらいの話で、それなのにあまりにも家族というものに期待しすぎているんじゃないか。もしかしたら、そういうのは近代病なのかもしれないけれども、ちょっと違和感があるんですよね。

三浦　家族に頼りすぎている、とりわけ結婚というパートナーシップに頼りすぎているというのはそのとおりだと思います。でも、か弱い個人にとっての救いでもあるんです。オウム真理教が社会問題になった当時から言われていたことではありますが、家庭にさえ回収されない都会の孤独とルサンチマンが肥大化することによる問題は大きいんじゃないでしょうか。

とはいえ、「家族の病」という言葉もありますよね。家族から解放されることが救済につながる人も多い。仕事や他の人間関係へと切り替えていくことも大事ですよね。

裏切りという話が出ましたけど、愛することをやめていなければ、本当の裏切りではない場合も多々あると思うんです。つれあいを愛しているけれど、別の人と関係を持つとか。人間は性的には相手に飽きやすい存在なので。

中野　そうか。つれあいに対する愛情っていうか、好意がゼロになるわけではないから。

三浦　人間というのは豊富な想像力でもってして恋愛に大きな意味合いを見出してしまっているので……。

中野　幻想みたいのがあるんですかね。

三浦　そうなんじゃないですかねえ。他者ですから、どんなに近づいても一向に視座は重ならない。同じ空間を共有しながら、違うものを見ている。それなのに、血のつながりもない異性に対して、「俺を愛せ」と要求するわけですね。逆もまたしかりです。「私がこれだけ愛しているんだからあなたも私を愛するべきだ」と。

中野　女性が一般的にどうなのかは分からないんだけど、男性はよく、自分の帰っていく場所みたいなことを女性にすっごく幻想を持つじゃないですか。その帰っていく相手がほかの異性を好きだみたいなことが許せないっていうのは何かこう、男性の言い分としては分かる気がする。

女子の場合はどうなんだろうな。女性も、男性の中に帰っていく何かを見てるんだろうか。それは私はよく分からないけど、心の隙間を埋める何かを求めていて、埋めてくれないとキレるみたいな現象というのも散見されますよね。特に境界性人格障害のお嬢さんとかね、来てくれないと手首切るみたいな。

三浦　そこは自我の支え方に、ワンクッション置かずに他人を巻き込んでしまっているからだと思いますけどね。私みたいに、わりと自分を離れて見るタイプの人間でも他者を必要とはするわけで、関係性への依存はグラデーションというか、度合いの問題だと思います。

中野　グラデーションね。ゼロか100かじゃない。

三浦　例えば、パートナーとの関係性を完全に自由意思の問題だと思うのか、それとも家族は半ばインスティテューション（機能を果たすための制度的なもの）として見るのかっていうことでいくと、英国人貴族の家庭の話、したじゃないですか。あの場合は「財産を継承する」というインスティテューションに特化しているから、割り切りやすい。かといって自由意思だけで結びついている見方に振りきっちゃうと、よほどの精神力がない限り、どんどんつらくなるだろうなとは思いますよね。それでもね、愛情や自由恋愛を求めてしまうのが人間なんですけどね。

中野　三浦さんはつくづく愛の人だなと思いますよ。

第3部　結婚の罪

結婚の4階建て構造

三浦　前に、結婚の4階建て構造ということをテレビのバラエティ番組で語ったことがあるんですけどね。

中野　それはネット記事で読んだ。面白かった。

三浦　あれは夫と考えた構造なんです。夫婦の基礎は「経済と生活の安全保障」。1人が贅沢なものを食べ、もう1人が飢えているということがあってはならない。家族は皆が同じ生活レベルを享受するのが基本で、1階は生活安全保障だと。

中野　うんうん。

三浦　それが成り立ってないと、もう夫婦ではないですよね。お子さんがいらっしゃる場合は、その上の2階に、「親としての責任」がある。子育てや子どもの行事などについては、お互いに協力していかなければいけないから。

中野　うちはいないけど、それもわかる。

三浦　3階には、「夫婦間の信頼関係」がある。友人あるいは同志としての信頼関係ですよね。要は、恋愛感情とか性的な意味合いでの関係性というのは、結婚という建物で言ったら4階部分だと。3階までそろっていたら、別に男女の営みがなくても、夫婦として充分成立する。

中野　すごくわかる。

三浦　4階って、nice to have ＝あったらいいものではあるけれど、なくても構わないものだし、相手に要求したから必ず得られるべきものではない――というふうに考えておく必要があるんじゃないかということですね。

中野　うんうん。

三浦　なぜ私たちは1対1の関係を求めるのか。やっぱり男性と女性が対等なパートナーとして、巣作りをする要素は大きいと思いますよ。2人で支え合いながら居心地のいい家庭を作るとか、子育てをするとか、そういうことを私は〝巣作り〟と呼んでいるんですけど、例えばインテリアもそうだし、食べて飲んで、寝起きして、音楽を聴いたりテレビを見たりする……生活の基盤となる場を作ることですね。それこそが夫婦の間で共有するもの、楽しいことなんじゃないかなと。

中野　そうね。ただ私は私で、これはむしろラジカルすぎて受け入れられなかったらごめんなさいなんだけど……瑠麗さんの言っている4階のところがないと、そもそも結婚する意味がないと思っちゃうんですよね。

三浦　ああ、「建物の構造」の捉え方の違いかもしれないですけど——むしろそこが「1階」なんじゃないかと？

中野　人間同士の、性的な意味も含めての触れ合いは……結婚ってそういう関係を保障するような部分が心理的にはあるのかなと思っていて。そこが満たされないと、ほかに行ってもしようがないのかなと、私はどうしてもそう思ってしまうんですよね。

〝仮面夫婦〟みたいに見て見ぬふりをして結婚生活を続けるということも現実的には行われているし、そっちの方がもしかしたらリアリティーがあるのかもしれないけど。

三浦　行われていますね。それが愛のない夫婦だとは私は思わないですが。

中野　もしそういう〝仮面夫婦〟みたいなパートナーシップのあり方を糾弾するのであれば、結婚と不倫とどっちを取ります？　私は人間同士の自然な触れ合いを取る方が先に来ないかなと感じるんですよね。そこまでして結婚生活を続ける必要があるのかという点では、もしかしたら意見が一致するかもしれないですけど、ひょっとしたら私の方が受け入れられにくい意見を持っているかもしれない。

三浦　私個人としては、結婚を決める上ではスキンシップのような情愛が感じられない人とは無理ですよ。相手に触れること自体に嫌悪感を覚えるようだったら離婚するでしょうね。新しい相手がいなかったとしても。

中野　私の場合は……相手がいなかったら離婚するということはないと思いますね（笑）。ちょっと現実主義と言われるかもしれないですが、相手がいない状態で離婚するよりは、かつてそういう関係にあった人と一緒にいる方がまだ可能性が高いかな。ボンド（絆）が切れる前の予備軍として、キープしておくという感じでしょうかね。

三浦　なるほど。かつてそういう関係にあった人って、変わらぬ情愛が残るか、何の興味もなくなるか、私の場合は2つに1つで。その間ってもんがないんですよね。どうやって決まっているんだろうな。うーん。やっぱりどこを愛しているかによるんじゃないですか。もはや恋はしていないけれども、愛情を覚えているということはあるから。

ただね、この一連の会話が成立するのって、お互いに経済的に独立しているのが条件ですよね。

中野　それはもちろんそうでしょうね。経済的な独立がなければ、成立しないと思う。
三浦　すみません、結構プライバシーにふれる質問をしますけど。
中野　どうぞどうぞ。
三浦　財布とか財産の管理って完全に別なんですか。
中野　うちはそうですけど、そうじゃないおうちだとちょっと困るというか複雑になってしまうかもしれないですね。
　結婚という制度の難しいところは、共同経営者みたいな部分と情緒的な部分が一緒になっているところで。情緒的な部分だけで物を言うのであれば、やっぱり性的な触れ合いというのは割と基本にあるんじゃないかなと思うんですよね。基本というか、4階建て構造の4階部分だとしても、柱と一緒の4階……という感覚が自分にはある。その柱が割とゆるがせにされちゃった状態でも、壁とかほかの梁構造がしっかりしていれば建物としてはいいのかもしれない。だけど心柱が揺れる状態ではどうなのかな。そういう感じが自分はあるかなあ。
三浦　要するに、かつて4階建てで、今は3階建ての夫婦もありだと私は思っているんですよね。1階、2階、3階をだるま落としにはできず、1階から優先されるべきだという発想。だけど中野さんは、だるま落としはできないにしろ、それは一体じゃないかという話ですか。

中野　そうそう。瑠麗さんちがそうかは分からないけど、海外の建築って下から石造りで固めていくじゃないですか。そういうイメージに対して、私の場合は日本建築みたいに柱があって、梁があって、そこにぱんぱんと壁ないしは障子のようなものをはめていってっていう構造。だから階層といっても日本建築みたいにあまり分かれてないところがあるんですよね。心柱が緩くても、ほかの柱で支えられていればいいというようなね。その一方で、柱が1本ちょっと緩いと全体も緩くなるんじゃないかなという感覚。それぞれの夫婦でそれぞれの建築構造というのはあるのかもしれない。

家族のかたちと社会の意識

三浦　その場合、子供ってどういう位置づけになるんだと思いますか。

中野　うち子供がいないからそういうふうに思うのかもしれない。

三浦　恋愛を重視する人からすると、例えばフランスのような社会、男性は渡り鳥のように転々と家庭を移っていくけれども、女性のところには父親の違う子供が何人かいて、みたいな家族のかたちと親和的なんですかね。
中野　そうですねえ。実は私たち人間の社会って、両親そろっていて、その両親以外の子供はいないというおうちの方が本当はイレギュラーじゃないですか。我々は「サザエさん」みたいな家族像をすり込まれているところもあって、それがスタンダードで正しいものだという感覚が無意識にあるのかもしれないんだけど。
三浦　ええ。
中野　ですけど、実は意外とそうでもないというか、お兄さんはお母さんが違いますとか、兄弟であの人だけちょっと明らかに顔が違うよねみたいなのがあっても全然私はいいと思うんですよね。
　今から少しやや重い話をしますが、ちょっと恐縮ですけれども。
三浦　いえいえ。
中野　私の大伯父さんに当たる人なんですが、祖母の兄ですね。その大伯父さんという人は、これ母から聞いた話ですけど、祖母の兄弟のうちでも1人だけ背が高かったりして、母から見ても見た目が違ったんだと。ちょっと格好よくて、何でだろうと思っていたんだそうです。

あるとき、その大伯父が、自分だけ父親が違うということを知ったそうなんです。何でそういう話になったのか、その経緯は分からないんだけれども、実際そういう出自だということをその大伯父は知って、なんと自殺したというんですよね。

三浦　え！

中野　私はすごくびっくりして、そんな、死を選ぶようなことなんだろうか、とひどく疑問に思ったことがあったんですよね。当時の社会的なメッセージが、そういうことを促すような圧迫感のあるものだったのかもしれないですけれども……。

その曾祖母という人は割と容姿がよかった人らしくて、モテたみたいなんですよね。長い結婚生活のうちにはそういうこともあるでしょうし、そのときはきっと純愛だったんじゃないのかなと思うんですけれどね。結婚生活を続けていても好きな人がいたということで、なんか美しい話じゃんと子孫は思うけれど、当事者である子は死を選ぶというのは、自分にとっては本当にセンセーショナルで。

ただ、そういう気持ちになる子もいるというのを忘れちゃいけないのかなという気もしました。自分がもしその立場だったら、お母さんもやるじゃんぐらいの気持ちになったと思うけど、子供によって、在り方がもしかしたら変わるのかもしれないですし。

三浦　理想的な家族像に対する信仰が強すぎるから、自分は余計ものだとか、つまはじきだと思った子供が追い詰められるんじゃないかということですね。
中野　そうですね。
三浦　最初から、家族にも様々な形があるという前提があれば、自分だけが違う種だったということにそこまで深刻な意識を持たないかもしれないということですよね。
中野　そう思いますね。
三浦　親ガチャなんて言葉も流行りましたけど、確かに親が子供に与える影響はたいへん大きい。けれども、極端な例は別として、人間っていうのはみんなどこか壊れているもんなんじゃないでしょうか……。結婚に対する社会的な認知に加えて、政府が法的な認知を与える仕組みについては、中野さんの意見はどうですか。
中野　これはどうなのかな。これって全然瑠麗さんのほうが詳しいところだよね。私、あまりちゃんとフォローしたことはないんですよね。
　なぜかというと、社会性を認知する領域って人間の脳の中では一番後にできた部分で、すごく弱いんですよ。たかが寝不足とか、アルコールを飲んだとか、それぐらいであっという間に機能が弱っちゃう。あるいはタイムプレッシャー、時間制限とか心理的な圧力とか、そういうことでも正常に働かなくなっちゃう。進化的に脆弱なところなんです。脳としてはそういうものなので、倫理的に振る舞えというのは最初から無理筋なんですよね。24時間365日、我々が倫理的であることは不可能であるという生理的な素地を持っているんです。

三浦　そうなんだ。

中野　脳のそういう脆弱さがあるからこそ、法とか社会的な制約でもって人間関係を規定したりとか、要は人を殺してはいけないってわざわざ法で縛らなければいけないとも言えるんでしょうね。そう考えると、そもそも人間の在り方と法というのは合ってないのが前提なんじゃないかと思うんです。

人間の性《さが》に合ってないものを法が規定して、それに反しちゃったねということでいろいろ問題が起こってくるわけですけど、人間がそんなすぐに、何百年とかで変わるとは私は思えないんですよ。そんなに早く進化しないし、少なくとも対立する2つの形質があったときに、その遺伝子の片方が消えるまでに、順調に減っていって1000年ぐらいかかる。順調に減ってだから、数十年で変わるわけがないし、そこを何とか仕組みとか法でうまくやれるようにしようということなんじゃないかと。でも、あまりうまくいってないのが今なのかなという感じがします。

日本の結婚制度、うまくいってる?

三浦　うまくいってないというのは、結婚制度について?

中野　結婚制度についてですね。今も同性婚の問題とか出てきていますけど、既に結婚しなくても、経済力のある女性なら子供がつくれる、1人で育てられる。そういう状態が社会的なインフラとしては整いつつあるでしょ?　もちろん2人でも何ともならない層というのもあるわけですけれども。

三浦　そうですね。

中野　そう考えると、じゃ、仕組みとして結婚というのはどうかというと、何かちょっと間尺に合わない感がある。そもそも結婚って、財産の散逸を防ぐとか、あとは人口の管理とか、そういうことのために国家が行ってきたものなのかなという前提があったとすると、もうあまりその役に立ってないですよね。

三浦　つまり、社会に子供を増やしたいと思ったとき、結婚を守るより結婚を解体した方が、いいかもしれないということ?

中野　既にフランスがそれで成功していますし、恐らく日本的な結婚制度というのがあった方が人口が減ることになるんだと思います。フランスにＰＡＣＳってありますよね？「同棲以上、結婚未満」みたいな制度。民事連帯契約って訳すみたいですけど、同性または異性の成人２名による、共同生活を結ぶための契約。
三浦　日本で言う事実婚を法的に保障した制度ですよね。同性婚も簡単にでき、扶養義務や救護義務はあるなどほぼ結婚と同等だけれど、法定相続の遺留分がなかったり、共同で養子縁組はできなかったり、差もある。
中野　フランスだとこのＰＡＣＳも含めた婚外子の割合って、半分を超えているんですよね。それを考えると、結婚があった方が国力を削いでいるんじゃないかっていう印象がある。
三浦　日本は、婚外子というのは事実上存在することを認めた上で、親の罪は子供の罪ではないからという形で相続分を平等にしたんですよね。２０１３年の民法改正で。でも、これって、要は罪としている時点でね……。婚外子を罪の結果としてみるカソリックが優勢を占めるフランスでさえ、婚外子の平等は１９７２年には実現しているのですけど。

中野　罪というか、罪とされているというか。

三浦　相続の安定性と、子供を増やすことってまったく違うロジックなんですよね。子供を増やすという観点からは、おっしゃるとおりPACSを導入したらいい。フランスは各国と比べて、ベビーシッターや保育ママのような制度による支援が圧倒的に充実しているんです。確かに教育とか保育に関してはスウェーデンは手厚いし、北欧諸国は概ね手厚い傾向にありますけど、ベビーシッターや産後すぐの家事の補助、母体の回復支援などで比較すると、もうずば抜けているんですよね、フランスは。

中野　そこはもう瑠麗さんのほうが詳しいですね。私は粗っぽくしか知らないですけど、お母さんの体って、出産によって変化するから大変。その変化したママの体を女の体に戻すって言えばいいですかね、そうするためのマッサージやトレーニングやらが健康保険で出るの、フランスって。

三浦　すごいですよね。

中野　女であること、要するに妻として魅力的であることを国がサポートするというわけよね。それで次の子供も頑張ってねということなのかどうかは知らないけれども、そこをすごく重視している。これは特筆すべきで、日本が、じゃ、それできるかなというと、ちょっとどうなんだろう。お母さんだけずるいとかって男の人が怒りそうな気もするし、いろいろお国柄はあるから、そこは一律にフランスを真似すりゃいいということでもないと思うんですけど、こういう国もあるというのはもっと皆さんに知っておいてもらってもいいのかなと思うんですね、という補足でした。

三浦　そこの柔軟な発想は本当にうらやましい。でも日本も意外に支援金が多いんですよ。あまり知られていないのですが。ベビーシッターを頼むと1日4400円分、企業主導型のベビーシッター補助制度で出るんです。中小企業だと企業負担分が1チケット当たり70円。余裕のある中小企業なら生産性向上のために払うでしょう。大企業は福利厚生の一環で当然やっている。しっかりした企業に就職している人であれば、使える制度です。

中野　けっこうな額だよね。

三浦　1日4400円、月に24枚（1枚2200円）まで使えるのですが、全部シッターさんを頼んだとして5万2800円でしょ。年額で63万3600円。実はけっこうな金額を支給されているわけです。コロナ特例では休校の場合にフリーランスの人も対象になり、使用可能枚数も引き上げられた。日本の全体的な支援をみると、各国対比で遜色ない、かなりの支援が行われているという印象です。まあフランスは別格ですけど。
だけど、1つ大きな問題をあげるとすれば、日本における子育て支援が、だいたいにおいて福祉の発想に基づいていること。ものすごく煩雑な手続が必要だし、中野さんがおっしゃったようなママの体を女の体に戻すための支援みたいな発想が一切ないのは、そういうところに起因するんですよね。「かわいそうな人に対する福祉」の発想を抜け出ていいない。

中野　そうなんだよね。またそういうふうにしないとお金を出しにくいという行政の事情も日本人のメンタリティーに由来してる面がある。ゼロなものをプラスにするために税金を使えないという感覚ですよね。マイナスの人を何とかゼロ以上にしようとかというのはあるんですけど……例えば「税金で得をしている」とかとなっちゃうと、もうその人が袋だたきに遭うのが目に見えている。だからやりにくいみたいなんですよね。

遺伝子プールが「家を守る」

三浦　自民党は保守政党なんですが、一部の議員を除けば、子育て政策は割と中道です。日本政治の分断は、憲法や日米同盟をめぐる意見対立にあります。だから、経済政策は中道にどっかり自民党が陣取っているし、社会政策も発想が非常に社会主義的でマーケットオリエンテッドではない。

先に挙げた企業主導型のベビーシッター補助は比較的そうではない政策ですが、手続き面で言うとかなり非効率で従来的な発想が強い。しかも、企業の福利厚生にしても何を損金算入してよいと認めるかというと、企業のビル内の保育施設の設置など、恒久的な制度のみ。だから、たまたま夫婦の出張が重なったから、ベビーシッターを活用したいというときに雇い主が補助を出しても、福利厚生費として損金算入されないんです。賃金とみなされちゃう。キャバクラの接待も社用車も経費になるのに、子供が関わる部分だけはなぜか「私事《わたくしごと》」としてはっきり除外されてしまう。これって女性が結果としてどれだけ輝けるかという発想ではないということなんです。ほんとに頭が固いの。

中野　そういうことですねえ。

三浦　国家は、いったいどういう発想で私事と公を分けているんでしょう。これまでは、基本「家」という、予測可能で安定した社会秩序を守ってきたんだと思うんです。ただ、その裏返しとして、子供が増えなくてもいいという方針を貫いているように見える。結果的に見れば、やっぱり家を守ることを、子供を産んでもらうことより優先していると思われてもおかしくない。

中野　そこね、どうしても「家」が出て来ちゃう。

三浦　「家」を守るというのは、これは日本独特の発想ですね。これは本郷和人さんがおもしろい新書（『権力の日本史』）を書かれているけれども、日本における家督相続のあり方の変遷の過程で、血筋ではなくて「家」を守るようになったと。養子が多用されてきたのはその通りです。日本では将軍の落とし胤という話を聞くことがありますよね。高貴な武人がその家を訪れたときに妻を夜伽に出すというへんてこな風習もあったと。

中野　歓待の掟ですね。

三浦　高貴な胤をもらったことで家の格が上がる――という発想がある。家督相続を繰り返して、後世に家名と財産を受け継いでいくことが社会秩序の基本にあるとすれば、それは個人の幸せを重視する立場ではないし、必ずしも子供が多ければいいというわけでもないんですよね。

中野　日本という国は家という装置をすごく大事にするという点は、確かにそう思います。

家でなければ、昔、国体という言葉がありましたけれども、共同体によって醸成される何らかの1つのプレートというか、そういうものをすごく個人よりも優先するという特徴がありますよね、日本って。これは多分ほかの国より大きいんだと思う。というのは、遺伝子プールとしてそういうことを大事にする人たちの国というのがある程度予測されるんですね。

三浦　遺伝子的に？

中野　そう。不安傾向が高い遺伝子というのを保持している人が大多数の国なんですよ。個人が意思を持って何かを決めるということよりも、「みんなの意思」というのをすごく大事にする。「みんなの意思」を作るためには、「みんな」というものを心理的な形で統制する必要があるんですよね。

三浦　ああ……。

中野　それは昔はもしかしたら、祭というのがその旗振りのための大事な機構だったかもしれないし、天皇家というのはその最高位に位置するところだったんでしょうね。

いみじくも祭と政は語源が一緒というふうに考えられますけど、合理主義によって行われる政治ではなくて、我々の家、政《まつりごと》を欲しているんでしょうね。そういう面から考えると、集団の最小単位というところの「家」というものを大事にするんだろうなというのは分かる気がしますよね。一方で、それを壊そうとする働きに対してバッシングをするとか、攻撃をしたくなるというのもそこらへんからなのかな。

三浦　社会全体の発想という点でいうと、結婚を尊べ、すなわち妻子を放り出すなというのは、「村」の社会保障で面倒を見るんじゃなくて、「家」単位の社会保障を機能させてほしいからだと思うんですね。人に迷惑をかけるな、という。その気持ちが強すぎて、公的な社会福祉が存在する現代でも、有名人が離婚すると、シングルマザーでやっていけるのか、などという余計なお世話に近いような記事が出回りますよね。

中野　夫側にバジェットさえあれば、不倫が男の甲斐性としてある程度見逃されてきたというのはそういうことですよね。

大物男性アイドルの不倫がちょっとだけ話題になりましたけど、意外に盛り上がらない。というのもあの人は十分もう名声もバジェットもあって、そんな不倫したぐらいでは家制度は壊れないでしょうという感じがあるからなんじゃないか。某アイドル事務所への忖度とか言う人がいましたけど、そういうわけではないんではという気がする。

三浦　あれはきっと奥さんが表沙汰にしたくないという気持ちがあるのと、夫に不利益をこうむらせるほどにまで怒ってないからでしょうね。

中野　それも大きいと思う。あと、某大物お笑い芸人のところも、夫が愛人のところに出て行ってしまいましたけど、もう自由にすればっていう感じになりますよね。

三浦　二重基準があるということですね。戦前の日本は姦通罪というのがありました。そして、それは既婚女性とその相手男性が行う不貞行為だけを犯罪とみなすものだった。なんでそんな旧法があったかというと、女性が浮気をすることの方が、男性が浮気をするよりも家を壊すことだったから。女性は夫の持ち物というか一家の財産みたいなもんだった。

中野　そうでしょうね。性別による役割の非対称があったので、しようがないというふうになったんでしょうね、これは。

姦通罪に驚く今の子

三浦　姦通罪という考え方は、既婚男性の浮気にはなくて、既婚女性の浮気にしかなかったんだよって説明すると、今の子は結構びっくりするんです。男女両方とも不倫なんかしちゃいけない、という考えだから、何で女性だけ？　と。男性も罰せられるなら分かるけど、という子を見ると、社会が大分変わっているんだと実感しますよ。変化の過程や歴史を知らないまま今がスタンダードだって思ってしまっているんですよね。

中野　だから双方を罰しようなんていう発想が出てきてしまうのかもね。

三浦　そうそう。「姦通」で男性も裁かれる場合は既婚女性と密通したときですが、とりわけ、自分より上の身分の女性と密通してしまった場合の制裁はすさまじかったはずです。これも秩序を壊す最たる行為だと見なされたからだと思います。

貴族ではなくとも、下々に至るまで、身分違いの恋愛ができなかった。例えば人形浄瑠璃の『新版歌祭文《しんぱんうたざいもん》』をこないだ私、見てきたんですけど。

中野　それ何だっけ。

三浦　お染久松の心中事件を脚色した世話物なんですけど、そこら辺の在所の息子で、でも実は武家の跡取りっていう筋柄の久松っていう若い男がいるわけです。その子が大坂の油屋に奉公に出て働いていたが、油屋のお嬢さんのお染と恋仲になる。それがばれてしまって在所に戻されるんですね。それが「野崎村の段」。在所の育ての親は、息子にそんな身分違いの恋は諦めて、許嫁である自分たちの娘と結婚しろと迫るんです。だけど、それに対して、嫌だ嫌だと言って、身分違いの男女は心中を図ろうとする。そこで在所の娘は一旦身を引くんです、尼になって。そうやって身を引いたにもかかわらず、だからといってその後、2人は結ばれないんですよ。
中野　何で？
三浦　要は不義不忠の密通なんですよね、問題になるのは。許嫁との約束を違えるとか、親の勧めた結婚に従わないとか、そういう話じゃないんですよ。在所の娘にしてみれば、許嫁だったのに裏切られた、となるのだけど、むしろ話の本筋は「身分違いの恋」という社会秩序をめぐる話。お染久松にはさまざまな展開やどんでん返しがあって、「蔵場の段」で心中に至るわけだけれども、そもそもの悲劇の発端は社会秩序を乱したことにある。いろんな伝統芸能にこういう話が残ってますよね。
中野　絵島生島事件もそうですよね。江戸城大奥の年寄だった絵島が歌舞伎役者の生島新五郎と遊んだら大問題になった。生島新五郎は三宅島に遠島とか結構ひどい目に遭いましたよね。絵島は高遠藩預かりみたいなのに。役者の身分で大奥に手を出したみたいなところだったんでしょうね。
三浦　ええ。将軍はまだ幼くて、世継ぎ云々の問題ではない。役者遊びに大した実害がなかったにもかかわらず罰せられるというのは、やっぱり秩序を乱したから。
　お染久松は悲劇だから繰り返し人形浄瑠璃でも歌舞伎でも演じられるんですけど、やっぱりなぜそれにみんなが涙するかというと……。
中野　人気あるねえ。
三浦　みんな大好きなんですよ。まず人間の自然な感情としての恋心があって、それに対して義理人情が絡んでくるわけですよね。今の時代で想像できる義理人情といえば世間様の目みたいなことや、あるいは親の言いつけだったりするわけですが。親が病床に伏せっていて、娘の晴れ姿を見たいとこれだけ言っているのに、おまえたちは何だ、結婚しないのか、みたいなね。
中野　昭和だなあ。
三浦　ね。だけど、時代背景を加味して理解しなければいけないのは、昔はさらにその上に社会秩序があったということなんです。家制度の維持という大義には親自身も逆らえないし、身分の違いは乗り越えられないんだというのが根っこにある。家制度を維持するには、親が了見したところでその2人は結ばれないんだということをも含んでいる。ところが、個人はそこからはみ出して生きようとし、久松は大義あるお家の再興よりも恋人と心中することを選ぶわけですね。そこに見事な対比が浮かび上がる。
中野　完全に納得で、社会システムに対して私たちはあらがえないという、あらがったものはみんな石を投げられるんだということをすごく端的に示していて、じゃ、社会システムとは一体何なんだというのがすごく面白いところですよね。
確かにルールを認知する場所というのは脳の中にあるんです。あるんだけど、そのルールを認知する場所には特徴があって、なんと頻繁に更新するんですよね、ルールが。30年前はこれはよかったけれども、今はよくないということをフォローしているんです。
三浦　なるほど。
中野　30年前は叩かれなかった人が今は叩かれてしまうことも頻繁にありますが、ここが規定している基準が変容するんでしょうね。
ただ、サイエンスで追えるのは、この部分は更新しますよというところまでで、何で更新するのかとか、どういった力学によって基準がこういうふうに変わるのかとか、そういうところまではまだ追えない。だからそこはもうちょっと掘り下げたいなという気持ちがありますね。あるいはこれからどうなるのかということも考えてみたい。
三浦　最近では、いわゆる常識がきわめて短期間で変遷していますよね。社会常識とはどうやって変わっていくのでしょうか。私はおかしいと思うことは割と正直に発言してしまっていますけれども。

社会の「あるべき論」

中野　でも今は「こうあるべき論」というのはちょっと言いにくいですよね。理想を言うならば、そんなことでバッシングされる世の中はおかしいですよねって、確かに私も言いたい。言いたいけれども、それでそういう世の中が、じゃ、なくなるのかというと、多分言っただけではなくならないんだろうなと。これはもう皆さんが実感しているとおりでありまして。

三浦　中野さんは先ほど、社会的な規範意識や認知能力をつかさどる脳の部分が最後に育った部分だから、お酒を飲むと飛んでしまったりするんだとおっしゃいましたけど、まさにそれはよく分かるんです、私自身もね、そうですから（笑）。

結局、私たちはみんな折り合いをつけて生きているわけじゃないですか。社会規範と、自分の欲望とのあいだに。それはどっちが正しいということにはならないし、社会規範がまるでない人間として欲望のままに生きればいいってもんでもない。自分が置かれている状況が、あるべき理想というか規範からずれていたとき、例えば夫が浮気していることが分かったとき、どうするか。そこに何かルールがあって、それに則って何をすべきかがおのずと明らかになるわけじゃないんですよね。べき論がすらっと出てこないからこそ、悩んだり苦しんだりしながら解を出すわけですよね。

中野　それはほんとそうねえ。

三浦　不倫をしても、いわゆる幸せな家庭生活を営んでいる人ってたくさんいますよね……。

中野　それはうらやましいな。

三浦　一見幸せな家庭でも、掘り下げるとそういうものが出てきたりする。それは日常に潜む恐怖であるのかもしれないですよね。でも、逆に、幸せな結婚をしている人ほど意外と不倫をしていたりするのかもしれない。

中野　それはどっちなのかな。不倫をしていることでバランスがとれて幸せな結婚になるのか。

三浦　恐らくそれはあるでしょう。あるいは幸せな結婚生活を営める能力のある人だからこそ、破綻しない不倫ができているのかもしれない。

中野　そっちの考え方もありますよね。

三浦　不倫なんてしなくたって生きていけるはずですよね。本来は余分なものだから。

けれども、不倫というのは、結婚に求めるものが全き形で与えられていなかったりとか、あるいはそもそも人間がいろいろ目移りをする動物だから起こることであるというだけで、複数の特定の人と親密になりたいという気持ちを持つこと自体は、別に変わっているわけじゃない。そんなに重々しい気持ちでなければね。

中野　言うなれば、「推し」っていう言葉がありますよね。この人を推したい、アイドルとか俳優さんとか、その「推し」が増えるということは別に不倫ではないじゃないですか。いずれ「推し増し」になってくのかなみたいなイメージがありますけどね。

三浦　どんどん「推し」が増えてくと。

中野　そのね、今の話すごい面白いなと思ったのが、幸せな結婚をしている人が不倫もうまくいくという発想ね。

　不倫ということを、じゃ、割と容認していくと何が起こるかというと、コミュニケーション能力の高い人がますますモテて、うまくいかない人がますます相手が得られなくなる……そういう格差を広げるからみんな容認できないのかなと。そんな感じもうっすら思ったんですよね。

三浦　それね。

中野　そうすると、自分は結婚という制度によって辛うじて守られている身なのに、モテるやつはそこまで壊して俺から、私から、奪うのか、みたいな感じがするのかなと。不倫をして楽しんでいそうに見える人に対して攻撃的な視線を向ける原因はそこ？　ひがみなの要するに？　という感じがしたんですよね。

結婚制度で守られているのは誰か

三浦　他人の不倫に対して声を上げる構造、そのなかでも赤の他人の行動を勝手に自らの尊厳の問題にしてしまう構造もそれでしょうね。
中野　どういうこと？
三浦　上野千鶴子さんが以前、朝日新聞の「悩みのるつぼ」という身の上相談で、「妻が手も握らせてくれない」っていう70代の男性の相談に答えてたんですよね。それがところかまわずパンチを食らわせていた感じで。要は、妻が仲はいいのにセックスはおろか、スキンシップすらさせてくれないという不満なんです。それに対して上野さんは、コミュニケーション能力を磨いてこなかったのが問題だと指摘していたんですね。過去に浮気とか風俗通いとか、やましいことでもしたんじゃないか、今だってアッシー君として日々努めれば、料理くらいは作ってもらえるだろうから我慢しろと。
中野　あはは。いいねそれ。
三浦　男性にコミュニケーション能力がなかったら私たち女には届かないし、女性とはセックスできないという宣告ですよね。まあ実際問題としてはその通りなんだけれども、上野さんというのは常に女の目線からしか物事を述べない方なので、女の人が同じような相談をしたら、そんな男捨ててしまえ、男はいてもいいが、いなくてもいいものだ、あるいは不倫でもしなさいとおっしゃるに決まっている（笑）。
中野　それも読みたい（笑）。
三浦　でもこれ、最近の感覚でいくとちょっと微妙でね。モテとか非モテということ自体、例えば外見が優れているとか、話し方が魅力的だとか、その差をつけること自体が差別的だという考え方も生まれてきているんです。外見を褒めてはいけない、だって外見で評価していることになってしまうし、褒められなかった人が精神的圧迫を感じるから……というような。でも、上野さんはそこら辺をあまり気にせず、まあ容貌なんて若い一時のもんよ、コミュニケーション能力のない男なんてモテなくて当たり前、ってな感じでブルドーザーのようにあたりをなぎ倒して走っている。要はね、一言でいうと、上野さんはモテるんですよ。

中野　モテる側ですよね、どっちかというと。

三浦　うん、ちゃんとモテてきた人から出てくる言葉なんです。フェミニストにも僕は共感するよという人にとっては、上野さんは素敵な人ですからね。

でも、女性の中にも、モテないということを中心に辛さを抱えている人もいるわけです。この人たちの方が結婚制度を実は守らせようとする。

中野　そうですよね。どう考えても結婚制度はモテない人のための制度ですよ。

三浦　でしょう。上野さんが常に論争を呼ぶ理由の1つは、強い感じがするから。思想は人が作るものですから、その人の生きてきた軌跡が入っている。上野さんって結構、叩かれっ放しでやってるところもありますよね。その分格好良く、佇まいがいいじゃないですか。

中野　知的な女性が好きな男性が寄ってくるタイプですよね。

三浦　恐らく彼女はコミュニケーション能力が非常に高いので、そこも困らない。あ、ちょっとわき道に入りましたね。上野千鶴子論って面白いから。それはさておき、今まで結婚制度に救われてきたのは、どちらかというと女ではなくて男だと思うんですよね。

中野　そうですよね、それは完全にそう思う、私も。
三浦　すごく単純化して言うと、財力があって、生活能力がある男性だけが妻を娶ることができた時代、なんなら複数の女性を娶るという時代もあったわけだけれど、それに対して一夫一妻制度に基づく「結婚」による法的な保護というのは、経済発展による生活水準の向上と併せて、まさにモテない男性にもあまねく妻を娶るチャンスがめぐってくる仕組みだったわけです。
中野　うんうん。
三浦　男性同士が平和を保ちつつ子孫を残せ、戦乱さえなければ男女比のバランスが取れるいい仕組みです。ただし、女性の側は救われた分と救われなかった分があって、性的な価値が男性よりも高いから、やはり昔は性産業に売られたり、そこで働くという選択肢も出てきてしまう。そうでもしないと自分でなかなか稼げないから、男性に依存せざるを得ないのが、同じ一夫一妻制度とは言え、昔の女性の常でしたよね。
中野　歴史を見ればね、それはそう。
三浦　ところが、最近は全体に社会の平等化が進み、女性の権利意識も高くなってきた。その分、社会規範や秩序に縛られる意識も希薄になってきた部分がある。例えば、以前は一方的に踏みにじられるだけだった側が、週刊誌に密告することもできる。なかには明らかに行き過ぎた事例もあって……ある政治家の性的なフェチをばらした性産業の人がいて記事になりましたね。違法行為ならともかく、人の性的趣味を微に入り細に入り曝す公益性はないと思うんです。あなたたちはクライアントの秘密を守るのも仕事の一部でしょう、と思いましたね。良くも悪くも、それは社会が変わったということ。

中野　昔はそこは一線引かれてた感じがするね。

三浦　某首相が亡くなったとき、その方にはひいきにしていた愛人の芸者さんがいたそうなんです。で、その人がお焼香に来ていたとか、来ていないとか。周りが家族のことをおもんばかっていろいろ気を遣ったんですって。だけど、芸者さんの方はもう拝ませてくれるだけでいいという感覚だったんだそうです。

中野　なるほどね。

三浦　でも、今の愛人はそんなことしないでしょう。トラブルが生じれば普通に乗り込んでいくだろうし、それか『週刊新潮』に密告ですよね。女性の地位が上がったので、それまでに想定されていた結婚制度とは前提が変わったんです。元々は男性の平等化と、女性を家に閉じ込めつつ母性を守るためだった。女は子供と身二つになれば、物理的に弱い立場に置かれますよね。ただ、か弱い女性が守られるのは、結婚を守っている＝すなわち不倫に走ったりしないということとセットなわけですよ。はみ出し者は守られない。

中野　表裏一体というかね。

三浦　戦後、法制度は変わっても、やっぱり女性はまだまだ養われる側だった。実態がそうだから、家族をめぐる社会の価値観もゆっくりしか変化しない。民法上の不法行為に不貞行為が残っているのは大きなお世話だと思うけれど、この社会が離婚しにくい制度なのはそういうことですよ。だからこそ、女性の地位向上を訴える人たちは、男に養われるという概念を否定し、結婚を否定し、対等な自由恋愛を目指してきたはずだった。

ところが、男性同士のあいだでは、目配せしあって許容してきた不倫問題が、女性の地位向上によって厳しく指弾されるようになった。さらには、なぜか他の女性の品行に口を出してもよいという受け止め方がでてきて、よくわかんないところに漂着していませんか。

中野　というと？

三浦　いったんは性の解放ということがいわれたはずなのに、自立した女性が離婚しようとして非難されたり、夫婦間の問題なのに、浮気によってふしだらという印象が流布されたり。猫も杓子も芸能人やアナウンサーなどにテレビ越し、ツイッター越しにコメントを言うようになって、ふたたび過度な廉潔さが求められる時代になっちゃったんですよ。

中野　正しく振る舞えと。

三浦　そういうことですよね。進んだはずの世の中に道徳警察が戻ってきて、しっちゃかめっちゃかになりましたねっていう。

遺伝子を残せた男の数

中野　エストニアのタルトゥ大学の研究なんだけれど、紀元前1000年から紀元前3000年ごろまでの、急激な技術革新が起きた時代に、世界各地で男性側の遺伝子の多様性が一気に低下しているという現象が見つかっているんです。技術革新が、皮肉なことに男性間の競争をより激化させたのではないか、と研究チームは考えてますね。つまり、現代もその延長と考えれば、人間社会って男性にとってはものすごく格差社会なんですよね。このチームが調査した地域では、女性17人に対して男性1人しか子を残せていないの。

三浦　17対1か。

中野　1人の男の人がたくさんの女の人に子供を産ませたけど、その陰には全く遺伝子を残せなかった男の人が大量にいたということですよね。そういう時代は実は意外と人類の時代を追っていくと長くて、今みたいに一夫一妻が保障されているなんて、男の人はパラダイスだよって思いますよ。結婚生活のおかげでいい思いしているのに、それに異を唱えるとは何事かって。でも、不倫報道でコメントしなきゃいけないときに、「でも一夫多妻制のほうが人間にとっては普通です」ということを私が言うと、えっ、男の味方ですか、みたいなことを嬉々として言う男の人が必ず現れる。いや違うよって(笑)。なんでみんなオレは一夫多妻側だと思っているのかすごい不思議です。

三浦　ああ。苛酷さへの認識が足りませんな。

中野　あなた、一妻どころかゼロ妻かもしれないよ？　って。そういう人はみんな、多妻側にまわるのはオレだというふうに思っている。ちょっと心の中で、「面白いな」と思いながら、でもそういうこと言っちゃうんですけど。

三浦　ふふ。面白い。いやね、何だかんだ言って今はいい時代なわけですよ。みんなよく怒っているけれど。例えばね、私の場合は、ちょっとでも不倫報道に苦言を呈すると「おまえ、旦那に浮気されてみろ」みたいなすごい本末転倒のリプが来るんですよ。

中野　それは男性から？　女性から？

三浦　女性が多いけど、男性も一部いますね。

中野　いるのか。

三浦　彼らは自分たちが安泰に暮らせる、自分が裏切られない権利を確保しようと思っている。中野さんに「よくぞ言った！」みたいにわらわら湧いてくる人たちというのは、恐らくその受益者である自覚はないんですよね。不倫報道に吹き上がる人たちはむきになって、なぜか想像上の私の家庭を壊そうとする（笑）。「おまえ、旦那に浮気されてみろ」っておかしいでしょ、あなた、制度を守ろうと思うんだったら、私の旦那が浮気したら怒るべきなんじゃないですか？　って思ったりする。

「よくぞ言った！」って人は、そうだな、結婚生活で得をしていると思えないか、機会主義的に得をしたいと思っているのか。不倫を肯定する女性に対しては、自分もなんか可能性があるんじゃないか、みたいな期待があったりするのかな。

中野　オレにもチャンスがって思うんだな、どんなにダメな人であっても。

三浦　「許してくれる女性」が増えれば増えるほど、男性の側にチャンスが高まるというのは、実際問題としてそうなのかな、と疑問に思うけれども。

中野　実際はデータが逆であることを示していて（笑）。北欧の現状見てくださいよ。再婚できる人は何回も再婚して、結婚しない人は一回も結婚しない。両極ですよ。ゼロ妻の人と時間軸での多妻の人とに分かれるの。

　だからね、瑠麗さんの言ったとおり、女も物を言えるし、稼ぐしっていう時代になってきて、女性側の選択肢も増えてきたところがある。じゃ、今の結婚のモデルでいいのかなというのを考え直す時期ではあるんだろうなと思うんですよね。

三浦　結婚ってそもそも何かって言えば、一見私的な関係に国が法的な保障を与えることで保護し、夫婦になることを推奨しているんですよね。おそらくは、家庭が子供を産み育てるという、国家の存続に欠かせない機能を果たしてくれているから。そこに何らかの特別な保護を与える理由があるというわけです。

中野　保護って言うと……。

三浦　例えば男女の関係性の社会的な認知だったり、あるいは税制上の優遇であったり。女性は子供を産む性ですから、比較的弱い立場に立たされる場合がありますよね。そういうことを考えると、配偶者の優遇には、単に結婚すると「お得になりますよ」というだけではなくて、夫婦間の契約関係において弱者の側を保護するという意味合いもあると思います。戦後、戸主が家督を継ぐという概念が法律から消えて、財産相続の制度が変わったんですが、さらに、私が生まれた年（1980年）には配偶者の保護がより手厚くなった。相続の際の配偶者の遺留分が増えたんですね。夫より稼ぐ女性なんて当時はほとんどいなかったから、これは夫に先立たれた女性を守るという意味合いだと考えていいでしょう。

中野　愛人が全財産を相続するみたいなことはできない仕組みですよね。

三浦　離婚した場合にも財産分与が基本とされていますよね。子供を産む性が夫の浮気によって弱い立場に置かれたりすることがないようにと配慮してのことなのでしょうが、現代では男女の資産が逆転するケースも出てきています。そうすると、場合によっては結婚することがリスクだと感じる女性だって出てきかねない。

民法は私人の生活に相当程度介入しています。いまは経済的に対等でない男女がほとんどなんだけど、平等性が高まっていけば、その差はなくなる。そのとき、女性からして必ずしも今の法律は自分の味方でないと感じるときもあるはずなんですよね。

中野　そりゃそうだ。

三浦　法律が実態と嚙み合わなくなり、結婚というかたちを選ぶことが、合理的でないと感じるようになれば、結婚は支持されなくなるでしょう。

結婚の「お得さ」

中野　結婚のお得さってなんだろうね。

三浦　例をひとつ挙げるとすれば、不動産譲渡の税制優遇があります。結婚して20年たつと、住んでいる家や土地を奥さんに贈与しても贈与税がかからないというものなんですが。もちろん限度額があり、かつそれができるのは1回きりです。これを知ったとき、私が興味を持ったのはこの20年という期間設定の妙。面白いなと思いません？

中野　長いよねそれは。2人で協力して住宅ローンを返済してる共働き夫婦とかどう思うんだろ。

三浦　ええ。余計なお世話だと思うでしょうね。20年たって初めて立派な夫婦として認めるということですから。結婚して10年たち、妻に不動産の持ち分を譲渡したいと思う人もいるでしょうけれど、離婚するなら無税で財産分与できるのに、なぜかそこは認めない（笑）。そこでお国が設定している「信頼に足る結婚年数」が20年という期間なわけですよね。

中野　面白い。

三浦　もし制度の悪用を避けたいというような理由があるんだとしたら、私は3年でいいんじゃないかと思うんですよね。だけど、実際は20年。夫婦の実態は様々なのに、一律の夫婦像を設定したうえで、結婚という制度を守るために国家が介入する時代というのはもうそろそろ終わってもいいんじゃないかなと思うのですけどね。

中野　そこはほんとに同感するわ。

三浦　結婚観の変遷についても考えてみると、まず一夫一妻制が導入されたことによって、男同士の間で変化が起きたわけですよね。女性は管理される一方、男同士は平等性が増した時期があって。

それが戦後、男女平等になって、法律上は女性に対する不当な差別は減ります。また、核家族を基本とすることによって親との縦のつながりを緩め、配偶者の地位を強化した。しかし、そうした形での女性の保護は結婚を守ることとセットなので、民法では不法行為としての不貞行為の概念がまだ存在している。日本では双方が合意していないと離婚するのは非常に難しい。そのなかで、相手の不貞行為があれば楽に離婚できるわけですね。でも、そもそもなぜ破綻離婚を認めないんでしょう？　離婚を望まない側の利益を守るんだったら財産分与の定めだけでいいのに。離婚事由としての不貞行為の存在が問題をややこしくしていると思うんですよね。

中野　それはあるなあ。時間はかかるけど、性格の不一致で離婚はできますけどね。

三浦　国は不貞行為というものを民法上の不法行為として位置づけることによって、不貞行為は結婚という制度を裏切るものだって勝手に決めちゃったわけです。

当時はそれがよろしかろうということだったんだろうと思うんですけど、それによってかえって結婚という制度が不安定になってしまっているところもある。つまり私が言っていたような3階建てまでの人って結構いるはずなのに、4階部分に国や他人が介入できてしまう。今までは相手が不倫をしていることにうすうす気づいていても、結婚自体はうまくいっていたのに、週刊誌報道で不倫を暴露されて、他人が大騒ぎして、やっていけなくなって離婚してしまった……っていうビッグカップルなんて山といるでしょう。

中野　これは面白いですね。決めるとかえって破った人を糾弾する口実になってしまい、関係性が壊れるきっかけになるということですね。

夫婦長続きの法則

中野　決め事をしていない夫婦のほうが長続きするという調査があるんですよね。これは、婚前契約書についての調査だっけな。あまり細かくいろいろ物事を決めると、それが相手を糾弾するきっかけになっちゃうんですよね。あのときあなた約束したのに何でこういうことをしてくれないの、うわー！　ってなって。

婚前契約書も、関係を安定させなくするものとして結果的に機能してしまうという面がある。大事なのは、ちょっと困ったねということがあったときに話し合える間柄、そういう信頼関係のはずなのに、外部装置の存在が、関係を安定させるどころか、かえって弱くしちゃうということを今いみじくも指摘してもらったような感じがします。

三浦　プリナップ、婚前契約が一般的になっているアメリカでは、まず、離婚をすることがありうるということが想定されていますものね。なぜプリナップを結んでまで結婚するんだろう？　というのが私にはちょっと不思議だなと思うんですけど、やっぱり結婚って、お金も関係してくるじゃないですか。経済水準を共有し、時間の拘束や家事育児などの労働の提供もある。プリナップを結ぶというのは、言わずもがなですけど、提供するもの、されるものの見える化ですよね。結婚から得られるものって何なんだ？みたいなことを、例えば子供まで含めて、経済的な価値づけをしてしまうということでもある。でもそうやっていくと、結婚の割に合わなさのほうが非常に目立ってきてしまう気がするんですけどね。

中野　「割に合わなさ」っていいな。数値化すると、結婚の価値ってあまり高くないいんですよね、意外と。全然合理的なことじゃない。なのに、わざわざ何らかの理由により社会が圧力的に結婚を求めるみたいなところがある。個人の利益という点からいうと、そんなに得じゃないんですよ。だけど、その経済収支を超える何か……一緒にいたいねとか、2人でいた方がご飯がおいしいねとか、そういうことがあるわけじゃないですか。

三浦　そうね。それはすてき。

中野　そういうことがあって、じゃ、一緒にいようかねということで、成り立つというのは分かるんです。せっかく制度があるから使おうかねみたいなのが、多分、心理的コストも含めて収支は一番いい。ところが「結婚すると勝ち組になる」とか、そういうよく分からない現象により、すごく価値が底上げされてるんですよね。そんなにみんな、婚活してまでやるほど得な制度かなと思うと、かなり疑問なんですよね。

三浦　疑問なのは女にとって？　男にとって？

中野　女でも男でも。男の方がむしろそうじゃないかな。ある種の男の人が結婚したがらないというのは、メリットというか、あまり得じゃないということを分かっているのかもしれない。結婚から逃げている人は多い気がしますけど、そうでもないかな。

三浦　それは、実際にいわゆる勝ち組かどうかによるんじゃないですかね。

中野　経済的に？

三浦　この場合はそう、経済的に。経済的にそこまで豊かじゃない場合は、子供を産んでくれて、家事育児労働を提供してくれる妻をそんなに経済的に潤してあげることはできないから、逆に感謝するんじゃないかな。男性で結婚したい人は多いんだと思う。男性は自分で子供を産めないし。子育てにお金がかかるから、したいのにできないという人はいるだろうけれど。

中野　子供が欲しい人はそうか。

三浦　願わくば寝食の世話をしてほしいというのもあるんじゃないかしら。

中野　寝食の世話って、そこは正直、お金で何とかできるじゃないですか。そこに経済力が効いてくるというのは確かでしょうけど、そうすると、そういうサービスを後腐れなく使った方がいいんじゃないか、あるいは、自分で労力と時間をかけるか。私が男だったらそう思うかな。べたべた寄ってきて、何なら離婚すれば慰謝料払ったり、財産分与しなきゃいけない。そんな人に寝食の面倒を見てもらうの嫌だなって思いますけどね。

三浦　確かにそういう人は、存在すると思います。ゲームとかしていると怒られる、だったら結婚なんかしない方がいい、好きなことばっかりしてたいって人はいると聞きますね。生活態度に口を出されることに関しては、やっぱり独り暮らしの気楽さってある。ただ、子供がほしいかそうでないかということに関して言うと、これは男性からすると結婚がゼロイチですよね。

中野　子供はね。これはちょっと是非があるのかな、親に対してどういう感覚を持っていたかにもよるんだと思うんですけれども、テクノロジーで子供が何とかできるんだったら、自分は遺伝子を買って代理母に産んでもらうという選択肢を取りかねない。

三浦　中野さんが男ならってこと？

中野　男性側の論理として。もし子供を残すという選択肢を取りたい場合、妻に産ませて、妻に一生を縛られるのかという感じが、自分はしちゃうかもしれない。それは、私があまり子供を欲しくないからかもしれないけど。自分が遺伝子を残すことにあまりこだわりがないんですよね。

フェムテックのもたらすもの

中野　私の意見はちょっと極端かもしれないし、受け入れられにくいだろうなという感じもあるけれども、フェムテック［Female（女性）特有の問題を解決するTechnology（テクノロジー）］が結構話題になってきてますよね。女性の産める時間というのが医療技術によって延長されたりとか、卵子凍結が手の届くようになってきたりとか、そういう社会になってくると、パートナーシップって何なん？　というところを多くの人は考えてる。技術的には、もっと考えてもいい世の中になってきているんだけれども、でも、それでもやっぱり男と女の組合わせで子供がいるのが伝統的な価値観ですというのをなかなか更新するのが難しい。更新することが是なのか非なのかという議論もしづらい。しづらいし、もしかしたら更新しない方がいいのかもしれないし。

三浦　それは何でですか。

中野　よく分からないから。答えが完全に出ないものを拙速に判断すべきではないという考え方も一理あると思うんですよね。後で違うエビデンスが出てくるかもしれないし。
三浦　なるほど。
中野　科学のいいところと悪いところって両方あって、いいところは、技術が革新的にすごく進んで、それまでできなかったことができるようになるところ。それはとてもいいことなんだけれども、10年前に正しかったことが、新しいエビデンスが出てきて「実は正しくなかった」ということもしばしばあるんですよ。それが悪いところ。
三浦　ああ。
中野　完全に科学に依存して、新しいパラダイムを生んでしまって、そっちに拙速に移行するというのがいいこととは限らない。だから、なるべく慎重に考えたいというのが私のスタンスなんですよね。
　とはいえ、じゃ、思考停止していいかというと、そういうこともないと思うんですよ。やっぱり社会が変わりつつあるのは確かなことだし、それに合った方法とか仕組みというのにもうちょっとやっぱり目を向けて、盲目的にこれまでの仕組みがよかったとか、盲目的に更新するのがいいとか言うんじゃなくて、自分で選択肢をつかみ取ることができるように促したい。

そういう意味では、今以上に社会通念が変わってきて、一般的に取り得る選択肢が増えた世の中がやって来たときに、果たしてどれぐらいの人が結婚を選ぶかなというのはやっぱり疑問で。どうなのかなという気がしなくもない。

三浦　PACSが日本で導入されたりとか、代理母制度が利用可能になったりしたとき、現状よりも解放されるのは女性だと思うんですね。もちろん代理母の抱える問題として格差を利用した制度だというところがあるけれども。

中野　それはそういうところはあるね確かに。でも女性の方が解放されるでしょうね。

三浦　いずれにせよ男性にとってより自由で幸せな世界になるのかどうかはわからない。私は実は子供を何人も欲しかったんですけれど、体質上いまいる子しか産めなかった。子供が好きな立場からすると、どうしても本能的に子供は私のもんだって思っちゃうところはあるんですよね。夫の娘でもあるんだけど。

逆に男性側の目線に立ってみれば、別れたら連れていかれちゃうんだなっていうふうに見てしまう。DVなどの問題が一切なくても、子供と生き別れた男性の事例はたくさん見てきましたし、離婚したら子供とぜんぜん面会できない例も多くあげられます。やっぱり、男性の方が子供に関しては弱い立場におかれているんじゃないですかね。

中野　あまり子育てにコミットしないしね。

三浦　そうそう。生殖のしんどい部分を担うという点に照らせば、女性の方が弱い立場にあるんですけれども、子供との愛着では、女性の方が圧倒的に強い立場にあるので、個人の自由と社会福祉を重視すればするほど家族を巡る秩序や子供に関して女性優位な社会になってくると思うんですね。

中野　歴史的にそういう社会もありましたしね。女というのは、誰が産んだというのがはっきり分かるので、血筋を問う必要がないわけですよね。誰の種だとかということは不問に付すことで成立してた。だけど、母系の社会というのが今あまり残っていないのは、恐らく戦争があったからでしょうね。

　権力闘争によって国家の形が決まる社会が長く続くと、女性というのは戦を率いるというのにあまり向いてない性だと思われるから、結果として母系社会があまり残ってないね。でも、これからはそうじゃないかもしれない。戦争だったり権力闘争だったりによって社会が決まらないようになってきたから。電子戦ないしは、戦闘機だって体が軽い方がいいわけですから、そうなると、女性のパイロットの方が有利ですからね。

結婚と老後

三浦　ただ、それでも結婚を選ぶ理由があるとしたら、老いですかね。男女関係に立ちはだかっているのは結婚と経済と老いと死の問題だと思うのですよね。人間、年を取れば取るほど、夫婦でない関係はどこかで終わりを意識するようになるものでしょう。どこかで老いが追いついてくる。

男女がお金と引き換えの関係だった場合、昔だったらほぼ完全に男性から女性に対して金銭的支援が行われていたわけですけど、年齢まで含めて男女逆転する事例も出てきた。そうすると、さんざん援助したけれども自らが老いたことによって去られてしまう苦しみは、男女どちらでも起こりうる。女だから捨てられてかわいそう、男だから捨てられて当たり前、とはいえない。

中野　いずれにせよ、どこかで終わりを迎えるでしょうねえ。

三浦　結婚の形が今後変わることになったとしても、老いと死からは逃れられない。期間限定的に、じゃあ子供が18歳になるまで、とかそういうパートナーシップが人生に2〜3回訪れるんだとしても、やっぱりどこかで人間は老いるわけじゃないですか。やっぱり共白髪で生涯を共にする一夫一妻制は実態に適しているわけですよね。

一方で上野千鶴子さんは、死ぬときはたいてい誰しも1人だ、子供も当てにならないし、夫が先に逝けば独り身の女と変わらない、とおひとりさまの終活を提唱しておられますけれどもね。いずれにしても、孤独に老いるということは、自由恋愛のみ選び取ってきた人や、フェミニストの結婚制度否定派にとっても、チャレンジですね。

中野　それはそうね。

三浦　そこに、結婚というかパートナーシップを求める根源みたいなことはあるのかもしれない。

中野　確かに、人生を終えるときに1人であることというのは、結婚する理由としてすごく大きなものとして捉えられてきたと思うんですけど、最近ちょっとずつ変わってきているのかなとも思う。

三浦　というと?

中野　我々の母世代、お姉さん世代ぐらいの人だと、結婚しておかなきゃやっぱり老後が寂しいし、孤独だからね、とおっしゃる方は多かったと思うんですけれども、意外と年齢が来ると、パートナーがいない方がより貯蓄をできるんじゃないかとか、そういう考え方をする人もちらほら出てきたなと。そういう印象があるんですよね。

三浦　そもそも、男性と女性の平均寿命で言うと、男の人の方が先に死んじゃいますしね。

中野　何なら男の人が先に死んじゃう方が女性が長く生きられるっていう有名な統計もある（笑）。逆に、女性が先に死んじゃうと男の人はあっという間に亡くなっちゃう。だから女性の場合、死ぬとき割と1人かもしれないというのはあって、パートナーがいない人の方が終活などの準備をしているのではという説があるんですよね。

三浦　それもあるなあ。

中野　結婚しても、意外と自分の人生は自分のものというのは変わらないんじゃないか。そんな流れがだんだんできてきて……これは夫婦の財布が別になっているおうちも増えているから、そのことも要因の一つとしてあるのかもしれない。夫と財布が一緒だと、なかなか別々の計画って立てにくいんじゃないかと思うんですけど。

三浦　夫婦の経済的状況の変化が夫婦関係を変えているかもしれないですよね。

中野　私は夫が早く死んだ方が長生きできるという統計は、相当面白いと思うんですよね。意外と女は自分の面倒は自分で見られるけれど、そこは男性の方がもしかしたら大変かもしれない。

三浦　物のありかも分からないような人だとなおさらね。

中野　女性の方が平均余命とか寿命が長いという傾向は世界各国で一致していて、ユニバーサルなんですよね。これは男の人の体の脆弱性なのか、それとも生活スタイルなのか、ストレスに弱いからなのか、理由はちょっとよく分かってないんですけど、そういう傾向がどうもあるということは確かで。ちょっと飛躍した言い方だけれども、もしかしたら男の人の方が、親のように面倒を見てくれる女の人をずっと必要とするものなのかなという気もしますね、何かそう思うとちょっとかわいそう。

三浦　ホルモンのバランスとかは?

中野　ホルモンバランスももしかしたらあるかもしれない。要因の一つかもしれないけれども、はっきりしたことが言えないんですよ、まだ。もしかしたらこれかなという一つは、セロトニンの動態がちょっと違う。男の人の方が「うかつ」という特徴があるんですね。どういうことかというと、危険が迫っていても適切な怖れをもって対処できなかったり、不安要素があっても準備しなかったりという特徴が見られるんですよね。

　男性の方がそういう意味で、健康状態を自分でコントロールできなかったりということはあるかもしれない。

なぜ結婚するのか？

三浦　ちょっと立ち止まって、この対談では何を目指しているのかみたいなことも話してみてもいいですかね。

中野　そういうのもあった方がいいね。

三浦　正直、40を超えて22で結婚した当時の自分を振り返った時に……。

中野　若く結婚したんだもんね。

三浦　何でみんなと同じようなウエディングドレスを着たかったのかな、私。なぜ家族を呼んで披露宴をしたのか、その時の考えは分かっていても、感情そのものを思い出せないんですよ。しかも、私自身は無宗教で、父方が浄土真宗の家に育ったのに、母のいとこがマリア会の神父であったご縁から、カソリックのチャペルで挙式しました。暁星学園のちいさなチャペルで、それはそれは質素に。神父さまにも母にも感謝しているんですけれども、そこでのジャンプが今になってみるとよくわからないところがある。義母に対する配慮もあったのだけど、あちらはサザン・バプティストだからキリスト教の中でカソリックとはむしろ水と油だし……。非カソリックがカソリックの式をあげるためには、いろんな研修を受けなきゃいけないんですよ。四谷の上智大学の講座にまで通って、なぜやらなきゃと思ったかというのが、どうしてもリアルな感情としては思い出せないの。

中野　面白い、それは多くの人が読みたいんじゃないでしょうか。

三浦　なぜ入籍したのかね、みたいなことは、今でこそよく夫婦間で話にのぼりますけど、でも、そのときの私たちは、きっと周囲に向けて結婚をアナウンスするとか、自分たちのお金でささやかな式をあげて、しかも、商業主義に走らずに本物のチャペルで挙式するとか、そういうことが大事だったんですね、当時は。お花代が4万円で、お礼も含めて会場使用・挙式料が9万円。花嫁のブーケは相場が3〜4万はするところを、お花屋さんが白いお花をリボンで巻いて8000円くらいで作ってくれた。うれしかったのを今でも覚えている。41になったから22の自分を否定するのもどうなのかなと思っていて。

中野　でも、なんか私、瑠麗さんのそういうところ好きだよ。ちょっと情緒的じゃない、意外と。そういうところいいと思う。

三浦　あまりぱきっと論理で切り分けられない部分があるんですよね。まあ、私たち夫婦は合理的といえば非常に合理的に見えると思いますけれど。お互いの会社の株をほぼ半々で持ち合っているし、それは財産分与なんかより確実ですよ。
中野　ちゃんとしているというか、計算をする人なんだね。
三浦　結婚は、私、人間どうしの契約に基づいた運命共同体であると思っているんです。株式会社ってまさに資本主義の一番象徴的なものであり、私たち夫婦って、その経営を通じてパートナーシップを結んでいるわけですね。お互いからすれば、そのパートナーシップの方が婚姻届の紙1枚よりよっぽど重いんですよ。それってまさに新たに自分たちで作り上げた「家」じゃないのっていう気もして。
中野　なるほど。でも、それはやっぱり旦那さんがしっかりしているからじゃないかな。考えれば考えるほどうちとは真逆な感じがするし……私、結婚式も挙げなかったんですよ。しかも、35歳とかいい年になってからの結婚で。指輪ものすごい、しるしだけでいいよねって5000円のシルバーリングだもん。ほかのバジェット、何に使ったかといったら、2人とも旅行が好きだから旅行にどんと使ったんですよね、誰も呼ばず、ケチだから。
三浦　それって大人な結婚で素敵だけど。中野さんのパートナーってどういう方なんですか。年上ですか?
中野　私のパートナーは2個上で、大阪芸大で今准教授をしているんですけど、宇宙人みたいな人ですよ。
三浦　学者さん同士。
中野　アート、美学研究って言ったらいいかな、の人なんですけどね。全然きちんとしていない人です。でも、とても面白いというか、人と違う反応をしてくるので、多分この人は一生飽きないだろうと思って、それで一緒にいる感じですね。一緒に住めるアートみたいな感じ。
三浦　生きているアート?
中野　ですね。習慣や様式にコミットして生活をどうしようみたいな話をすることはほとんどなく、いいとこ取りしている感じですね。人から見たら、もしかしたらすごいドライな関係と思うかもしれない。あまり干渉もしないし、シェアし合ったりもしないし、でも、お互いに疑うとか、そういうことはなく、言ってみれば、月と地球は触れ合わないですよね、絶対に。触れたらクラッシュしちゃう。だけど、ずっと近くにいて回っているんです、そんな感じですね。

三浦　仮定の話ですけど、お互いどっちかが浮気したらどうするみたいな取り決めはしていますか。
中野　あまり決めてない、そういうの。でも、浮気しても、うちは子供もいないし、仮に例えば夫にそういうことがあったとしたら、あまり相手の人を傷つけちゃよくないよなとは思うので、その辺はうまく処理してほしいなと思うくらい……。
　私が相手に刺し殺されるとか、そんなのは嫌だから（笑）。その辺はちょっとソフトランディングぐらいにしてほしいなという気はするかな。続けたければ、ちょっと私のお財布に傷が付かない程度によろしくとは思います。
三浦　あまり明確化しないということ？
中野　意外となかったものにしちゃうかな。なかったことにして、見ないふりしちゃいそう。瑠麗さんのところはそういう取り決めはあるんですか。
三浦　ないない。ないですよ。
中野　お互い浮気したらどうみたいなのは。
三浦　実際にどうするということがメインというより、最近の社会現象、嫌だよねみたいなことは話しますけどね。要は『新潮』、『文春』の報道とかがあると、ワイドショーでコメントしますよね。そのたびに、ほんとそうだよねって言ってくるから、ある程度許容的ではないでしょうか。でも傷つかないわけはない。夫婦って危うさのなかで相手を選び続け、続いていくものだから、あられもなく口に出すというのも違うかな。

男が人妻に言いがちなこと

中野　できた旦那さんだって言われる的なことをそういえば言ってましたね。

三浦　言われますよ。でも、できたお嫁さんでもあるのよ？　とも思います。なぜみんなできた旦那さんの方ばっかり強調するの？

中野　ほんとにね。

三浦　でしょ。夫の方がより物事に寛容でないはずだ、というような世間的な常識に照らすと、うちの夫はすごいよくできていますよね、確かに。標準とか平均値からの乖離は大きいのかもしれませんけど、できた旦那さん、できた奥さんという言葉の中には、やっぱりその人の目線が入り込んでいる。

中野　それはある。あと、よくあるんですけど、「旦那さんがかわいそうですね、奥さんがこんなに活躍されて」とかって言われるの、ひどくないですか。

三浦　ひどいですね、逆は言わないものね。
中野　奥さんがちょっとでも出たら、おまえはかわいそうになるのかよとかって思っちゃいますよね。
三浦　ただ、面白くてね、これ、私、専門じゃないから間違っていたらちゃんと正していただきたいんですけど、男女のカップルがすれ違うじゃないですか。そういうとき、女性は女性を見て、男性は女性を見ますよね。あれって、ほかのカップルを見るときの癖じゃありません？
中野　あるね確かに。
三浦　それを敷衍すると、男性の友達が私に「できた旦那さんだよね」って言うときは、実は夫じゃなくて私を見ているんですよね。俺が三浦瑠麗の夫だったらこうはできないなって思っているんです（笑）。私をけなしているつもりはないと思うけど。
中野　ないんだろうね。
三浦　でも、女性って多分違う見方をするんですよ。女性からも「できた旦那さんだよね」ってよく言われるんです。女友達から、瑠麗ちゃんのところってすごいえらいよね、うちの旦那は……（以下略）って言われることがあるんですけど、その場合は、瑠麗ちゃんずるいって私には聞こえるんです（笑）。
中野　女性はそうかもしれないですねえ。
三浦　私は、結婚生活においては利他的であることが秘訣だと思っているんですよね。先ほどの浮気を許容するかしないかみたいなことも、なぜ言葉に出さない方がいいのかと言うと、それはやっぱり思いやりと尊重の問題だから。あるいは根本的な信頼があるかないかの問題。損得勘定をしだしたら夫婦関係は悪くなるばかり。私はこれをしてあげたのに、あなたはあれをやってくれてないよね、みたいなことが。
中野　やらなくはない。
三浦　ですよね。損得勘定を避けてなおかつ相手からいい行動を引き出したかったら、やっぱり自分が利他的に振る舞う。そうすれば、相手からもいい反応が返ってくるんですよ。私はそれが夫婦の基本だと思っているので。結婚とか人間関係における最善の姿勢は、相手に期待しすぎないこと、追い詰めないこと、相手のことを思ってお互いを大切にすることだと思うんですよ。それさえ実施できれば、ほかはどうでもよくない？
中野　大体ほかの人っていいところばっかり見るし、努力しているところって割とスルーされちゃって、きれいな表面のところだけ見て、「なんかずるい」とかって言うけど、それは想像力がないよねと思ってしまう。瑠麗さん、がんばってるね。

グレートリセット

中野　私が言われるのは何があったかな。男の人から「旦那さんかわいそうですね」って言われるのともう1つあって、これと真逆のがあるんですよ。どうして俺は圭さんじゃないんだ、っていうの。よく聞く。圭っていうんですけどね、夫の名前。

三浦　それは口説いているわけじゃなくて？

中野　私に興味があるとかじゃないと思うんですけど、奥さんの稼ぎであの男はこんな楽しやがって、っていうふうに見ているのかもしれない。瑠麗さんちみたいな感じじゃないから、学者だし経済的にそんなにきちんとしていないし、妻に働かせて、ひも男めみたいなのがあるかもしれない。それはそれでもやっとするんですけどね。「あなたはこの人の魅力が分からないんだと思いますけどね」って内心思ったりするので、もし夫についてくる女の人がいたとしたら、この人も夫のことをいいと思ってくれるんだってちょっと思えそう。それはそれでうれしいと思うと思う。それはそもそもバジェットが別だというのは大きいんだけど、同じファンクラブの人みたいな感じですかね。

三浦　ふうん。ちょっと見てみたい気もする。どう思うんだろうな。夫を可愛がるという感覚は私もありますけれどもね。

中野　ちょっと話がそれちゃってごめんなさいね。22歳のときの私に対して40を過ぎて思われることってさっき途中になっちゃいましたけど。

三浦　いえいえ。いま考えると事実婚でもよかったのかもしれないとは思うんです。ただ、当時の私はもっと精神的に夫に頼っていたのですよね。実家を飛び出るという意識の方があって……つまり、三浦という家に「嫁に行く」というよりも、濱村という「家を出る」という認識の方が強かったんです。私、女ってどこに行っても家を背負っちゃう存在なんじゃないかと思っているのですよね。別に背負うのだったら婚家でもどこでも同じことなんですけどね。そこにはそこのヒエラルキーがあるし。でも当時はそこが私にとっては自由への入り口だったんですね、結婚が。

それっていま思うと……すごい前時代的ですよね。嫁に行って初めて大人として認められる、というのが昔の女性の立場でしたから。ほぼ昔の女性に近い考え方だったなと思うんですよ。義理の両親の面倒をみたり、訪れて仲よくするみたいな、そういう「嫁的」な義務を疑ったこともないし。

中野　そうか、それは大きいな。ごめんなさいね、途中で遮って。ここまで結婚の制度的な側面だけ目を向けてきたけど、確かに女にとって結婚をする、というのは、〝グレートリセット〟みたいなところがあるんですよね。瑠麗さんの方がちょっと若いけど、我々世代は特にそうかもしれない。

三浦　ええ、そこです。

中野　今まで生きてきた家の呪縛から逃れるために、新しい人生を始めるという意味が結婚にはすごいある。そういう意味で結婚したというのは私にも確かにありますよ。それはちょっとあった。

三浦　やっぱり？

中野　すごく分かります。要するに家が違うとルールから何から全部違うわけですよね。性別だけの話じゃなくて、違う世界に移植されるみたいな感じですよ、それは。その違う世界に移植されて、違う世界のほうが居心地がいいと思っていたら、やっぱり結婚を選ぶということはあるんですよね。相手と一緒にいたいという以上かもしれない、時には、動機そのものにもなる。

三浦　ええ。

中野　私が35歳まで結婚しなかったのも、移植先を1つに決めるのが嫌だったから。ぶっちゃけると、いろいろ見てみたかったからですね。

三浦　結婚はもともとしたかったんですか。

中野　そうですね、実家の人たちとはあまり話が合う感じではなかったので、出たい気持ちはありましたね。

日本人の一般的信頼

三浦　そもそも私たちの世代は、都会へ出てきた親世代から数えて2代目のようなところがありますよね。経済成長期に核家族が定着して、サラリーマン的な根なし草が増えました。郷土から切り離されて生きる結果として、地方から大都市圏にやってきた大量の人々が作る1世代限りの「自分たちの巣」が中心になった。そこにあるのはもはや旧来の「家」ではないけれども、家という概念が縮小して「巣」になったんだとすると、「ここだけは私たちの領域よ」というプライベートな意識が非常に強く残っている社会なのではないですかね、日本って。お上があまり家庭の中に入ってこないのも日本特有ではないかと。

中野　家庭への介入を嫌いますよね。
三浦　日本人が家や村社会に縛られていたのが、「村」が機能しなくなり、「家」に関しても、やっぱり核家族が普通になってしまったことによって、その核家族が単位になった。でも、「家的なるもの」は残っているから、みんなと一緒に入るお墓を買ったり清めたりするし、冠婚葬祭はそういう「家」を確認する最大の作業ですよね。うちは三浦家が法事をあまりしっかりやらなくて、濱村家はかなりしっかりやる方なんで、そこの落差には、はじめだいぶ戸惑いが大きかったんですけど。そういう「家族の確認」みたいなことに家ごとの差はあるにせよ、ふだんの生活は核家族で全然いいんじゃないってみんな思っているところがある。
中野　「一般的信頼」という心理尺度があるんですよね。家族以外、仲間以外の人をどれぐらい信頼できるかという尺度なんです。それって結構、世界で差があって、日本は一般的信頼尺度、実はすごい低いんですね。ちなみにだけど、興味深いデータかもしれないので……ロシアも低いんです。よそ者というか、知らない人は信用しない。
　ファミリーとか、あとは「村」の仲間ぐらいは信用するかもしれないけれども、都市は「村」が壊れているので、同じ「家」にいる仲間しか信用しないというのは確かにそのとおりだと思う。その上、よそ者には厳しい。都市の住民というのはほとんどがお互いによそ者ですから、それは信頼しなくて当たり前ですね。

三浦　そうですね。財布が戻ってくるとか、そういう意味での規範意識や同胞意識はある国なんだけど、社会的信頼ということになると、結構低いんですよね。実は、国民が抱く政府に対する信頼の度合いも、世界的に見て高くない。そこは、みんなの思い込んでいるイメージとギャップがあるところです。

中野　一般的信頼の高い国って北欧とかなんですよ。パブリックの感覚が強い。そういう国だと移民を入れたりしても問題が少ない。今は数が増えすぎてスウェーデンとかでは問題になってきているけれども、もともとは移民を受け入れてもいい素地のある国だったんです。でも、日本はそうじゃないですね。こんなに入っていても、やっぱり、あ、外国人がなにか盗んだ、誰か殺したみたいな感じになっちゃう。

「脱出可能」な女と「脱出不能」な男

中野　話を戻すけど、私たちの若い頃は、やっぱりそういう意味で家制度みたいなのがまだどこか残っていて、女性が家から家に「移動する」ということが結婚というものの重要な要素だったということですかね。

三浦　それはありましたね。

中野　それが今は、「家」ってものが崩れてるから、結婚にはさほど価値がないわみたいな感じになりつつあるって感じですかね。今の若い人たちの感じをちょっと聞いてみたいなとは思いますけど。

三浦　私、9歳下の妹がいるんですよ。仲がいいし、よく似ている。だから余計に、何か意見の差があったときに、9歳違うとこれだけ受け取り方が違うんだなっていう、主に年代の差として彼女を理解しているところがあるんですね。

その彼女がちょうどコロナ禍のさなかに結婚したんですよね。うちの夫はいわゆるダブルなんですけれども、妹の結婚した相手もアメリカと日本のダブルで。

中野　そうなんだ。

三浦　ところが妹は濱村という姓を変えたくないと言い出して。私なんかはルンルンで変えたから(笑)、へえーそういう感じなんだって思ったんですよね。実家への帰属意識が強かったのではなくて、単に生まれてから今までずっと使ってきた姓を変えるのに抵抗があったわけですね。

中野　へえ、そういうのもあるんだ。

三浦　結果、変えましたけれどもね。日米で異なっていた義弟の姓を日米統一して、妹もアメリカのファミリーの姓をもらったわけです。これはこれで1つの姓がなくなってしまうということだから義弟も苦渋の決断だったとは思いますが。

中野　そういうことができるんだ。

三浦　それはできるんですよ。そもそも彼自身がアメリカと日本で違う姓を使い分けていたというのが日本の感覚からすると不思議ですけど、日本人は戸籍制度があるから1人の人が違う名前を持っているということはない。

でもね、結婚すると、自分の名字の前に奥さんの名字をつけるという外国人の知り合いがいるんですよね。何度目だかの結婚をしたから名字がまた変わったって教えてくれるんですけど、それくらいカジュアルで緩い部分がある国もある。ただ、妹の件で言うと、彼女にとってはあっちの姓になるというのは、非公式でも日本姓とアメリカ姓を都合よく使い分けるという意味で両立しえたわけですよ。面白くないですか。

中野　面白い、面白い、そういう感覚か。そう思うと――女は「脱出」できるけど、男は「脱出」できないのかなということもちょっと思うね。実は男の人の方がちょっとかわいそうなのかもしれない。実家との折り合いがよくない場合とかね。
　俺は俺の人生を生きたいんだという場合に、男は社会的地位を高くすることで、自分は独立しましたということをじわじわ認めさせていかなければならなくて、結構それは時間もかかるし大変ですよね。しかも、今はかなり長命になりましたから、両親ともに90ぐらいまで生きるでしょ。待っていたら本人が定年を迎えてしまうわけですよ。意外と男の人にしんどい世の中かも……女からしてみたら、いろいろ不備とか不満は見えるんだけど、男の側に立てば立ったで言い分はあるだろうなと。

夫婦別姓の問題点

三浦　ちなみに選択的夫婦別姓に関しては、私自身は旧姓に戻すつもりはさらさらないけれども、個人の自由だから導入したらいいんじゃないかと思っています。だけど、夫婦別姓が定着していったときに、妻だけが別姓で、子供を夫の姓に統一する習慣が根付くのには反対の意見を持っているんですよね。
中野　なんで？
三浦　なぜなら、それこそが儒教文化の最たるものだからです。

中野　日本は夫婦同一の姓、中国・韓国は別姓で儒教文化と言ってもそこらは違うよね。

三浦　ええ。韓国や中国の女性は超絶エリートもいるし、主張が強い人も多いですよね。逆にそこからすると日本の女性には個人主義や自我が不足しているから夫婦同姓なんだとする向きもあるんですけれど、そんなことはないと思います。あちらのほうが古い仕組みですから、親と子を深く結びつける儒教制度を色濃く反映している。韓国でも子供は基本的に父の姓に従う。２００８年に法改正されましたが、母の姓に従うのは婚姻時にだけ許された選択としての例外事例です。だから、日本で選択的夫婦別姓を導入するのならば、子供の姓は親が選ぶのではなく、一定年齢で子供自身に選択させるべきです。

中野　それはそうだよね。そこは子供の個人としての意志が反映されていい。

三浦　要は、女が男に付き従うのではない「個人」になる上で、血縁による縦のつながりと家格による身分秩序をわざわざ強化する方向に回帰すべきではないということです。

といっても、ファミリーヒストリーや血筋を重視するのは人間の自然な感情ですから、結果的にバランスの問題になってくる。今は少子化の時代ですし、1人っ子同士が結婚することも多い。あるいは、弟が持ち家を相続し、姉が家を継げないのは不公平だという感情を持つ人も少なくない。夫婦別姓を選択できるようにして、女であっても実家の墓や持ち家を相続したり、実家のお墓に入ったりする自由が拡大するのはいいと思います。

中野　実際に親の介護をしたりするのは娘だったりする場合も多いですしね。

三浦　そう。名のある家だと、法事の席順で姉が弟の下座につく習わしが残っているところもある。そんな不公正な席順は許容できない！　と思う姉たちも多いでしょう。そういう意味では、日本にある、目に見えずとも存在する身分秩序のなかに、男女平等が浸透するということにすぎないかもしれません。でも、多くの人はそんな名のある家には生まれていませんし、継ぐべき財産もそんなにあるわけではない。だから、社会全体としては名字に対してもう少しフラットになった方が健全だと思うんですよね。つまり、自分としてはこの響きが好きだからお母さんの名字になる、という程度のことでいいんじゃないでしょうか。

中野　働く女性が、結婚しても自分の名字のまま生きて死にたい、と思うとかね。

三浦　そう。ただ、両方の家族を平等に扱って維持するというのは結構大変なことなんだと思いますよ。私なんかは5人兄弟だからそこまで実家に行かないですもん。夫の側はもう私たちくらいしかしょっちゅう会えないから。もちろん正月は「お客さん」として実家にも行きますけど。
中野　お客さんね。
三浦　昔ながらの考え方だと、日本では、嫁に行った娘はお客さんなんですよね。別の姓、別の家の人になったと考えるから。実態としては、そりゃ実家で娘はかわいがられますけどね。だけど、基本的には、お嫁さんとお母さんが一緒に食事を作って、娘は気は配りつつもお客さんとして食べるもんだったんですよね、古いおうちでは。婚家に気を遣って実家に帰省することすら叶わなかったという話もよくありますし。
中野　そっか。そうかも。
三浦　今では大分それが崩れているので、お嫁さんの方がお客さんになる家が多いかな。そこら辺はさまざまになってきたんだと思います。つまり、どっちへ行っても、誰が作ってもよくない？　っていう話になってきて、実家では、最近弟が一生懸命に筑前煮とかを作っている。隔世の感がありますよね。ジェンダーとかそこら辺はあまり関係なくなってきて、その家と近い人が作るよねみたいな感じですかね。
中野　それもわかるな。
三浦　だから、そういう意味では日本の方がもう個人主義なんですよ。家を出ちゃったら、実家からはあまり口出ししなくなるし、舅や姑だって韓国の方がよっぽど口出ししま す。日本女性には自我がなくて、夫婦別姓が基本の国にはあるというのは大いなる誤りだと思います。夫婦別姓を選択できるようにするというのは、その実態を反映する結果にすぎない。

男の「逃げ場」

中野　話戻るとね、結婚することでグレートリセットする……ってことができない男の人ね。その「逃げ場」っていうことを考えたとき、不倫相手ってその逃げ場になり得るなというのは思っちゃうことはある。

三浦　すごい！　よく戻ってきましたね、そこに。

中野　女側としてはちょっともやっとするけれども、男の人にそういうことはあるよねという視点もあり得る。昔の愛人関係というのはもっぱら男女相互の経済的なサービスで成り立ってたかもしれないですけど、今はなかなかそういうのもできないから。

三浦　逃げる場所がないというのは、例えば自分の実家であっても、同じじゃないですかね。妻が夫の関係性を全部把握して、仕切って、いろいろやってくれている場合って結構あると思うんですよね。うちなんかはそうなんですけど(笑)。だって夫の親や姉とも私の方がコミュニケーションできているし。夫がいても特に会話が弾まないし。女が取り仕切る家って、男の人の性格によっては居場所がないと感じる場合もありますよね。

中野　うちの場合は、両親は知的好奇心がそうある人たちではなかったので、子供のころから私と全然話が合わないんです。親も大変だったと思うけど、そういう意味では巡り合わせが悪かったですね、コミュニケーションとれなくて。そこから考えたら、夫の実家は少なくとも研究の話はできるから、義理の両親とはしゃべれますよね。あ、義理の父も義理の妹も研究者だった人なので。

三浦　学者一家。

中野　学者一家ですね。話がなくなっても、遺伝子多型の話とかをしていればいいし、何か別にそんなややこしい親戚だの近所だのの話をしなくてもいいというのはいい。

三浦　男性の不倫の一因が、仮にそうした家庭での居場所のなさ、グレートリセットができなかったからだとすると、妻が不倫するのは何でだと思います?

中野　逃げ場がない人妻もいるのかな。リセットした後でもいろいろ溜まっていきますからね、まあそれはね、生きていれば仕方がないことかもしれないけど。

両方とも既婚者のパターンもあるし、女性側が若い男の子にママ活のようにするというパターンもあるし、あるいはそんなに裕福でなくて、奥さん側が自分の化粧品ないしは美容代とかに使いたくて裕福な男の人にちょっと頼るというのもあるだろうし……いろんな動機で行われてそうですけど、あまり調査がないですからなんとも言えないですが。でも、これは完全に自分の印象ですけど、ロマンティックなのは男の人の方だと思う。

三浦　そうですかね。

中野　女性はもうちょっとちゃんと計算している気がするな。男の人の方が純愛を求めている気がする。「不倫の方が純愛」みたいな思いを持ってる人はそこそこいるんじゃないかな。女性の方は、この男の人とつき合うことで人生経験が豊かになるんじゃ、とか、お金のことが楽だし、とかって思っていそうだけど。でも完全に私の印象。

三浦　長続きする不倫だったら、そりゃ打算が忍び込んでくるかもしれないけど……女性って、やっぱり注目とかロマンスとか、そういうのを不倫に求めているような気がしますね。働いている人だと特に。

中野　そうなんだ。

三浦　それは「持っている」人だから。働いていて、それなりのお金もあって、自分で何とかなる人たちなので。だから独身で、職業が不安定で、お金も足りなくて、という女性と既婚男性が不倫する場合は、「男性の方が純愛」パターンはあるかもしれないけど、既婚女性で、しかも、経済的に自立しているとなると、やっぱり日常に足りない精神的な充足を求めることが多いのではないですかね。そういう意味では男性と変わらない部分もあるのかなと。

中野　人妻不倫も純愛を求めてるか。見てみたいなあ。

三浦　何を見てみたいんですか（笑）。

中野　何かちょっとその世界をのぞきたいじゃないですか。

三浦　でも、女性は割と多くの人が3ヶ月ぐらいで我に返りますよね。

中野　短いんだ。

三浦　うん。3ヶ月から半年じゃないですか。女友達から深刻な恋愛相談を受けたのに、数ヶ月後に会ったらもうその件を乗り越えてなんともなかった、というのはよくある話。何なら、ほぼ忘れていたとか。あ、そう言えばそうだった、みたいな。

中野　短いな！　そうなんだ。それは相手の男の人が割り切っているからなのかな。割り切っているというか……年上の人妻に経済的にちょっと助けてもらうけど、3ヶ月ぐらいたったらもうさよならみたいな？　そういうことでもない？

三浦　いやいや、大人同士の不倫もそうですよ。男の方が大体においては変わらないですからね。熱病のような恋愛というのは、もともと半年も続かないようにできているんです。それはそう決まったことなので。恋にはまって、3ヶ月から半年するとなんかホルモンみたいなものが切れかかって、やっぱり違ったかも、みたいな話になる。要は子育てのときの不可能を可能にする馬力が出る時期と一緒ですよ。それをどれだけ長く続けようとするかが、人によって違うだけで。

中野　自分の周りにいる人はちょっと極端なのかもしれないけど、続ける不倫というのはしなくて。その不倫相手とうまくいくもんだと思って離婚までして……というようなすごい思い込むタイプの人もいる。その旦那さんだった人も経済的にそこそこだったんだけど、不倫相手の方がいろいろな面で有利で、それで結婚できると思って離婚したけど、うまくいかないねとか、ぐちゃぐちゃになるというのが割と周りに見られる感じですかね。

三浦　あら。私の周りの女性はじゃあ落ち着いている方なのかもしれませんね。キャリアもしっかり形成しているので、特にそこまで贅沢を求めないし、数億、数十億みたいな夢を見ていない。理解者を求めるタイプが多いかもしれない。

中野　それぞれの人のプライオリティーの違いでしょうね。高級車が来たら乗り換えようみたいな感じの人が印象に残りすぎていて。それで、人妻の不倫というのは男と違うのかな、打算なのかなとちょっと思ってしまって。でも一般化はできないでしょうね。

三浦　なんか、見ていると、優しさを身につけるために恋愛している感じがしますね。

中野　優しさを身につける——修行？

三浦　つまり自分でどんなに利他的に夫に接しようと思っても、もはや関係性に緊張感が薄れているのでできない。向こうも怠惰になっていて努力しない。さてどうしよう。

中野　じゃあバランスを取ろう、みたいな？

三浦　そこにやっぱり家庭外での経験、女として見られたいみたいなのが大事になってくるんじゃないかな。所詮おままごとですけどね。

中野　ちょっとカウンセリングみたいなところがあるのかな。お付き合いしている男の人が具体的な相談に乗るわけじゃないでしょうけど。

三浦　そうなんですよね。なぜか空っぽな男性と付き合うことで自己分析能力を磨いてる女性とかいますし。あー、何かあれやこれやの事例を考えちゃうな。ほんと、いろんな女性がいますね。

中野　いろんな人いるな。これ、ちゃんと調べる人がいたら、社会学で学位取れそうだけどな。

三浦　不倫の社会学か。

中野　そうそうそう、読みたいし。

三浦　女性を理解できてないんです、多くの男性は。女性と違ってマルチタスキングが苦手だし。うーん。でも、女性もやっぱり依存症ってありますよね。

中野　恋愛していたいっていうこと？

三浦　相手から連絡が来ない！　みたいなのに弱いし、話を聞くと「彼から全然メールの返事が返ってこないの！」とかって言うでしょ。心配して、「どのぐらい？」って聞いたら、「6時間！」とか。おいおい、6時間て……。

中野　それは駄目だわ、それは完全に我を忘れてるわ。

三浦　でも、それはそれでなんか幸せそうなんですよね。

中野　不倫している人ってしんどい局面ですらどことなく楽しそうでうらやましい（笑）。

第4部　不倫の「倫」

「倫」とはなにか

三浦　不倫の「倫」って、何だろうな。時に、人によっては道徳と使い分けていますよね。人が守るべき道とか矩《のり》とかってのが辞書的な意味にはなるけれど。『新潮日本語漢字辞典』には「人として践《ふ》み行うべき道」ってありますね。

中野　違うと思うな。道徳って多分、老子の『道徳経』が由来なんですよね。老荘思想から来てるのなら、道徳の「道」はタオと読む「道」なんだと思うんですけれども……漢籍に親しんでいる人に言わせると現代人がイメージする「道徳」ってどこか間違っているのかもしれない（笑）。

三浦　言葉として「倫理」の方が「道徳」より強いというイメージがありますが、西洋の哲学から言えばモラルとエシックにそこまでの違いはないはず。日本ではどうなんでしょうね。『広辞苑』で「倫理」を引くと、「人倫のみち。実際道徳の規範となる原理。

道徳」とあるけれど、この2番目の「原理」のイメージだとすれば、道徳の方が少し広い概念なのかもしれない。

中野　どうなんだろ。『道徳経』って老子が書いたと伝えられていますが、道徳や人倫の道を説くというんでもない。むしろ逆で、「仁義」というのは世の中に少ないから尊しとされるのであって、実際は違うよねという話をしているんです。リアリティーに沿わない「仁義」とかに則って暮らしても大変だから、もっとリアリティーを見ようぜというのが老子の考え方であって、倫理に基づいた規範に則った生活を送りましょうなんていうことは一言も言っていない。

三浦　なるほど、『道徳経』の骨子が、仮に道徳が稀なものだということならば、カント的な道徳観とは対極にありますね。老荘思想はどっちかというとリアリストの発想だと思うんですけれども、その現実主義と理想があったとしたら、理想に近いのが不倫の「倫」なんじゃないですかね。

中野　でも、実際この「倫」に則った人なんて存在し得ないでしょう。だって、突き詰めていったら、もう呼吸をすることも許されない、という解釈すらできてしまう。

三浦　集団生活をうまくやっていくためのルールなのか、それとも人としての当然あるべき形を破るような行いなのか、ということですよ。つまり、功利主義的な効用があるから守られるべきルールなのか、それとも人の自然の理性に反する行いだからダメなのか。不倫はルールだけでなく、「人としての道」にまで反する行いなのか。

中野　そこが分岐点なんだけれど、「道徳」の本義を忘れ、集団内で自然発生的に生じた根拠のないルールを「人の道」と勝手に呼び習わして、そのために、人間の自然な在り方が犠牲になっているような感じなんだよなあ。

三浦　人の道に反している割にはどう考えても横行しすぎてますよね。

中野　「倫」がどういうものなのかをあまりはっきりさせないまま、あるいははっきりしないまま、人を叩く行動だけがものすごくエスカレートしている現状というのがあって。その基準がはっきりしていないところに危うさがあると思う。この人おかしいね、と誰かに思われたら終わり、狙われたら終わりというような状況ですよね。

もっときちっとした基準があればいいんだけど……「倫」も「道徳」もはっきりしないんだよね、意外と。

三浦　人間が生きる意味というものを突き詰めてしまうのが「倫」だとすると、生きる上での合理性を模索するのが「道徳」だという、仮にすごい雑駁な定義を行ってしまうとしますよね。あくまで今回の議論のための便宜上の定義ですけれど。

そうすると倫理主義的なアプローチを「神」なしに行うのは難しくないですかね。「神」で説明できる部分をどんどん狭くしていくのがある意味合理主義者の考え方ですけれども、倫理にはやはり最後に神が残る。現代という時代はその部分をできるだけ取り除いていって、限りなく世俗に近づけていたはずなんだけれども……そうしたときに、じゃ、「倫」の功利主義で説明できない部分は何なんだよということなんですよね。世俗主義をとる国においては。

中野　うん。老子の定義に戻って良いなら、「道」には管理者が必要ないけど「倫」には必要なんだよね。神という形で。でも世俗主義の社会だと、その管理者が不在なので、民衆がその管理者の代行をするという形になる。もうその結果は、見ての通りだね。一人一人が裁きを与える権威を持ったと自覚している。それは幻の権威なのだけれど、そこは誰も裁かないから。

三浦　人間は「神」をつい作り出してしまう、というのが私の考え方です。日本では「神」という表現こそしないものの、「お天道様は見ている」という考え方や、運命に対する不可知性の認識がありますよね。本来は「誰も傷つけていない婚外恋愛」を裁こうとする根底には、この「神」の倫理の援用があり、それがしばしば暴力につながるという考え方です。

価値観調査に見る日本

三浦　私、最近、自分の会社で価値観調査をやっているんですけど、日本だと電通総研が参加している世界規模の世界価値観調査というのがあるんですね（次頁参照）。WVS（World Values Survey）のサイトに行けばすぐ見られます。政治観や経済観、労働観、教育観、宗教観、家族観といった290項目にわたる設問に沿って延べ100以上の国と地域を調査するわけです。ミシガン大学のロナルド・イングルハートという有名なアメリカの政治学者が広めたんですけど、この調査だと比較的宗教観が強めに出るんですが、逆に言えば、非宗教も強めに出るんです。

中野　うっすら見た記憶がある。

三浦　儒教圏の国と地域が上のほうにあって、日本、韓国、中国、台湾、香港とあって、意外と日本はスウェーデンに近いとかいろいろ興味深いんです。

中野　確かに、面白いね。

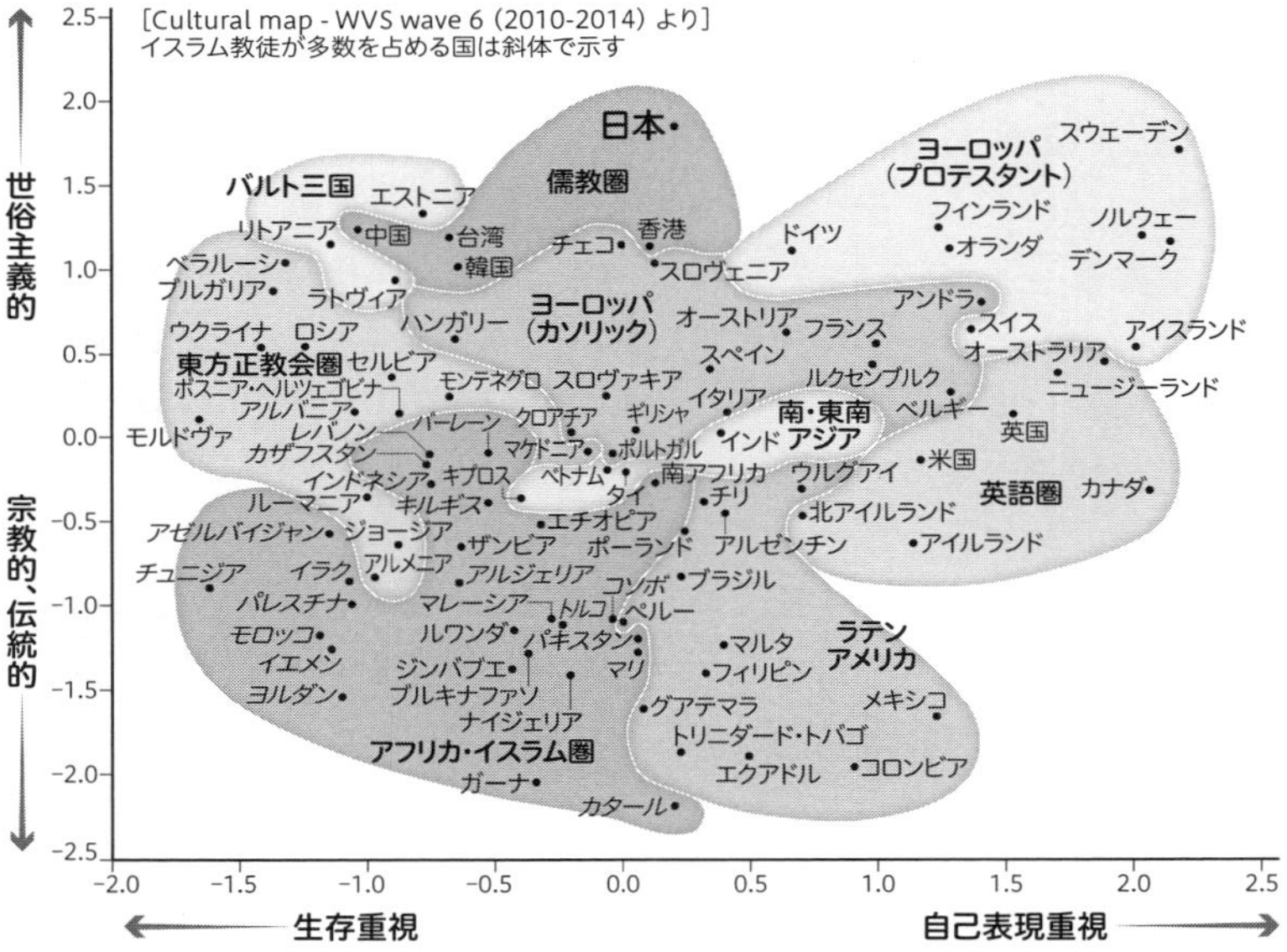
[Cultural map - WVS wave 6 (2010-2014) より]
イスラム教徒が多数を占める国は斜体で示す
世俗主義的
宗教的、伝統的
生存重視
自己表現重視
2.5
2.0
1.5
1.0
0.5
0.0
-0.5
-1.0
-1.5
-2.0
-2.5
日本
儒教圏
バルト三国
エストニア
リトアニア
中国
台湾
韓国
チェコ
香港
スロヴェニア
ドイツ
ヨーロッパ
(プロテスタント)
スウェーデン
フィンランド
オランダ
ノルウェー
デンマーク
ベラルーシ
ブルガリア
ラトヴィア
ヨーロッパ
(カソリック)
ハンガリー
オーストリア
フランス
アンドラ
スイス
アイスランド
オーストラリア
ニュージーランド
ウクライナ
ロシア
東方正教会圏
セルビア
ボスニア・ヘルツェゴビナ
アルバニア
モルドヴァ
モンテネグロ
スロヴァキア
スペイン
ルクセンブルク
ベルギー
イタリア
ギリシャ
クロアチア
南・東南
アジア
インド
英国
レバノン
バーレーン
カザフスタン
マケドニア
ポルトガル
米国
インドネシア
キプロス
ベトナム
タイ
南アフリカ
チリ
ウルグアイ
英語圏
カナダ
ルーマニア
キルギス
エチオピア
北アイルランド
アゼルバイジャン
ジョージア
ザンビア
ポーランド
アルゼンチン
アイルランド
チュニジア
イラク
アルメニア
アルジェリア
コソボ
ブラジル
パレスチナ
マレーシア
トルコ
ペルー
モロッコ
ルワンダ
パキスタン
マルタ
ラテン
アメリカ
イエメン
ジンバブエ
マリ
フィリピン
ヨルダン
ブルキナファソ
グアテマラ
メキシコ
ナイジェリア
トリニダード・トバゴ
アフリカ・イスラム圏
エクアドル
コロンビア
ガーナ
カタール
-2.0
-1.5
-1.0
-0.5
0.0
0.5
1.0
1.5
2.0
2.5

三浦　上に行けば行くほど世俗主義的で合理的、下に行けば行くほど宗教的、伝統的。右に行けば行くほど自己表現の価値を重んじ、左に行けば行くほど生存を重視している。ている。

つまり、右に行くほどポストモダンで、左に行くほどまだ秩序や物質的なものを重視している。

この表では儒教圏が固まっていて、合理主義的ながらまだまだ生存重視なわけですが、日本が興味深いところにいるんです。プロテスタントのあまり宗教色が強くないヨーロッパ諸国により近いところにいるから。日本は韓国、中国に比べると世俗主義的なだけでなく、さらにポストモダンな価値観というわけです。

中野　なるほどなるほど。

三浦　この話を素直に受け止めて考えると、日本は世界各国の中では最も世俗主義的な部類なわけですよ、本来は。宗教の要素もどちらかというと低いしね。最も価値相対主義的であってもおかしくない。

中野　そんな感じだね。

三浦　なのに、なぜか不倫に対しては強いバッシングが起きている。すると宗教的な倫理でバッシングしているというよりも、社会を機能させなくなってしまう不安みたいなものの方が根強いんじゃないかとも感じますよね。比較対象としてフランスは……。
中野　フランスは真ん中辺だね。ちょっと右寄り。
三浦　ですね。フランスは個人主義の観点においては日本と大して変わらないけど、やっぱり宗教色が強いわけですよね。
中野　まあ、カソリックの国だよね、意外とあそこは。
三浦　で、気になるのは、最近ちょっと日本、自己表現的な度合い、つまり個人主義が減っているんですよ、かつてより。プロテスタントのヨーロッパがかなりポストモダンになっちゃったからというのもあるかもしれないですけど、日本は相変わらず最も世俗主義的だが、ポストモダン的要素が減ってる。
中野　なるほどね。香港と日本がちょっと似ているのか。
三浦　何となく分かりますよね。
中野　腑に落ちる感じがする。
三浦　そこで私が思うのは、キリスト教的な意味での宗教の要素がとても強いアメリカの学者が作った基準からすると、日本の特徴をこの軸だけでは説明しきれないのではないかということ。

中野　マーガレット・アトウッドが『侍女の物語』『誓願』で描いているようなピューリタン神権政治の政権が樹立されるっていうのを、違和感なく読めてしまうようなところがアメリカには実はあるもんね。

三浦　ええ。儒教的伝統を持っている国は、西洋の考える宗教とはちょっと違うもので自らを律している。日本より宗教色が強いカソリックのスペイン人より、宗教色が薄い日本人のほうがよっぽど自らを律しているんじゃないか、という話もありますよね。

中野　日本人の場合は、唯一神の代行者が「世間」なんだと思うよ。「民衆」というと一見、主権在民的なことを言っているようで美しく感じられるんだけれど、微細に網の目の張られたパノプティコン（中央の監視塔からすべてが一望できる監獄のこと）と考えるとかなり怖い社会。私たちの「世間」はアブラハムの宗教のような形を取らないけれど、人々の行動様式を制限したりある方向に誘導したりという機能だけで考えたら、宗教のような機能を持っているともいえる。それは、日本に独特なものかもしれない。これを同調圧力と呼ぶ人もいるだろうね。

　心理学に「準拠集団」という考え方がありますよね。例えば、私が「安月給ですよ」と言った場合、サラリーマンの平均年収よりは稼いでいるんでしょうけれども、でもいわゆる超富裕層と言われる人たちの中に行けば安いわけですよね。集団が変わると、ステータスが変わって測られるという現象があるわけです。でも、人間って基準をはっきり持っていない生き物なんです。目で見て長さを測ることすらできない。それくらい基準というのを持たない生物なので、何かと比べることでしか自分のステータスというのを確認できないんですよ。

三浦　ああ、そうなんだ。

中野　それで準拠集団というのを設定するんですね。ただ、その準拠集団が異なると、正しい、正しくないということまでがあっという間に変わってしまう。この調査はそういうことも表しているんじゃないのかな。

そういう場合の宗教の影響って大きいよね。子供の頃から教わっているわけだし。もちろん必ずしも宗教とは限らないけれど、例えば我々日本人だって、「サザエさん」とかね、ホームドラマだったりとかで文化的に共通してみんなが知っているものの影響は大きい。こういう家族の形態が普通ですよ、というものを見せられていると、それが普通のように思ってしまって、そこから外れたものはよろしくない、理解できない、となる。

三浦　ただ集団の基準から外れているというだけで、本質的には「正しい／正しくない」とは異なるんだけれども、そうなってしまう。

中野　そういうことだよね。

三浦　当然のことながら、倫理の在り方は国によっても違うだろうし、時代によっても変化する。「神」や「天」は人間が功利主義を超えて作り出してしまうもの。そう考えると、倫理の変化のしかたというか、理屈が文化によって異なるというだけで、宗教に限らず、人間自身が自らを拘束する倫理を生み出していることになりますよね。

中野　これ、景気とか経済状況とかにもかなり影響されると思うんですよね。多分、フランスの今でこそＰＡＣＳとかかなり一般的になって、不倫が許されるみたいなことを言っているけど、向こうで暮らした経験から言うと、あの国そもそもはめっちゃマッチョですからね。50年前は日本とほとんど変わらない。フランスいい国と言っている人は、そういうのを知らないで言っているか、あるいは知っていても、確信犯的に言っているんだろうな。

だって、ミッテラン大統領（在任１９８１〜１９９５年）が任期中、別の家庭があることを朝食会で記者に問い詰められたとき、記者に「Et alors?《エ・アロール》（それで？）」って答えたっていうのが日本では有名ですよね。でもこれ本来はスキャンダル報道につなげようとする問いなんですよ。今じゃ「フランスは大統領が堂々と愛人を持てる国」とか言う人がいるけど、あのー、全然スキャンダル扱いだったんですけど。それを誰も言わないんだもんな。

恣意的な「倫」

中野　日本から個人主義的要素が減ってるって瑠麗さん言ってたけど、逆に、昔だったら叩かれてたのに、今だったら叩かれなくなったことって何なんだろな。

三浦　女が外で働くこと。

中野　そうね。あと、女が子供を持たないこと。

三浦　でも、若干まだそれバッシングしてくる人はいますけどね。

中野　なくはないね。

三浦　なくはない。でも、圧倒的に変わりましたね。

中野　今はそういうことでいろいろ言われる恐怖感はないかもしれない、さほど。あとは……定職に就かないとかかな。不倫以外でこんなにバッシングされるものって……あ、脱税ですよ、脱税。

三浦　脱税は相当に社会的地位を落としますよね。ただ、今の話で私思うのは、日本ほど平等幻想がこんなに急速に、広範に広まったのは、日本が実験国家だからじゃないかってことで。

中野　どういうこと？

三浦　戦後の日本って革命なしに社会主義的改革を植えつけられた実験国家と捉えることもできますよね。戦争に嫌気がさし、ごはんが食べられればいいよと国民の多くが思った結果として、新体制は割に歓迎された。自由とか平等という概念が革命勢力なしに実現してしまったと思うんですね。

中野　それはいい指摘だよね。言い方によってはやや腹が立つけど「アメリカが作ったディズニーランドみたいな国」、夢の国ですね。コントロールしやすくて。

三浦　平等幻想がここまで急速に広まった国というのはめずらしいですよね。もちろんそれまでに素地があったからだけれども、経済の民主化を米国の手を借りて短期でやれてしまったというのがやはり大きい。共産主義の中国だって格差がものすごく大きくて、そんな平等幻想はない。韓国に比べれば家族の相対化も進んでいるし。無縁社会も進んでいる。でも、自由主義の最大化には行かないんですよね。前例や村社会的なおきてが個人を縛っている。そのおきてと倫理観が一緒くたになって不倫バッシングにつながっている。でも、じゃあ、日本人が常日頃から「倫」を大事にしているのかというとどうなんですかね。

中野　全然してないと思うよ。「倫」を大事にして「不倫」を叩いてるわけじゃないと思う。

三浦　恣意的だと思うんですよね。略奪婚や不倫に対して慰謝料を請求することってよくある話ですが、自分に不倫経験があっても、自分がされたら相手の女性に請求する人もいる。なるほどなと思って。その人が何を「私の権利」と思うかがね。

中野　考え方によっちゃ面白いよね。同じような例を私も知ってて、自分は略奪婚したのに？　って思った。

三浦　人ってやっぱり、都合のいいときだけ「倫」を持ち出すわけですよ。

中野　本当にそう思う。自分のための「倫」なんじゃんって。

三浦　そこら中に性産業やラブホテルが林立している国で、そんな「倫」もへったくれもないだろうと思うはずなのですが、そうじゃないんですよね。「建前としての倫理」

だろうと思うんですよ、これは。

中野　エクスキューズだよね。きれいで、自分が正しい側に立つための化粧みたいなもの。身だしなみとしての「倫」であって、本当に行動規範として植えつけられているかというと、そうではない気がしますね、「正しいラベル」みたいな感じ。

三浦　だから、何だろうな、みんなの見ているところで悪いことをしちゃだめだよと。

中野　見えないところならいいよっていう。

三浦　温泉の中にタオル入れるとすごい目で見られるけれども、1人しか入っていなかったときには「実はオレやっちゃうんだよね」みたいな人いますよね。赤信号を渡るのとか。やっぱり、ルールに関しては陰でそういうことをやっちゃうので。「不倫はダメ」がルールなのか、本当に「倫」なのか、みんな分かんなくなってきちゃってるんじゃないかな。

中野　半沢直樹みたいな勧善懲悪物は好きなのにね。

三浦　みんな水戸黄門とか大好きですもんね。水戸黄門には悪代官とか悪い庄屋とか商人とかが若い女を手籠めにしたりするシーンがいっぱい出てきたじゃないですか。絶対それを見て怒っている視聴者側にもそういうことをしてる人はいる。

中野　私もそう思う。

三浦　でしょう？　しかも、欲望じたいは否定していなくて、入浴シーンを覗き見るのはOKということになっている。そのご都合主義が昔から気になっていたんですよね。

モラルの基準

中野　電車の中で化粧をしてはいけないというモラルもね、その類ですよね。別に化粧してはいけないわけではない。むしろ化粧しないで出てきたら身だしなみがどうとかって言われる。でも、みんなの前でやっちゃいけない。舞台裏を見せてはいけない感というのがすごく強い。

三浦　私は学生の頃に電車で化粧したことありますよ。

中野　リップつけ直すぐらいだったらいい気がするけどね。

三浦　マスカラ、リップ、あるいは崩れかけたアイシャドウを直すって、私、結構普通のことだと思っていて。例えばタクシーに乗ると化粧を直す時間に使うとか。それって結構いろんな作品の描写にも出てくるので、多くの人がやってたと思うんですけど、最近なんだかやりにくくなったというか。昔は衆人環視の下でも女性は平気で授乳してたわけですけど、今は厳しい。大っぴらにやっていたことができなくなってません？

中野　授乳とか全然デパートとか電車とかでやってたよね。それがいつの間にか駄目になった。謎のマナー講師みたいなのが出てきて。

三浦　今でも覚えているのは、まだ私が大学生だった頃、井の頭線だったか、あるいは小田急線だったかな。ドアの脇に3、4人掛けの小さい横並びの席あるじゃないですか、そこに私が座って化粧を直していたら、通路を隔てて反対側の席に座っていた男性が、降りる瞬間に私に向かって怒鳴ったんですよ。「何考えているんだよ」って。私、びっくりしちゃって。

中野　びっくりしますよね、そりゃあね。

三浦　つまり、ずっと言いたいけど言えなかったことを、降りる瞬間に言った。

中野　卑怯なやつ。

三浦　でも、思ったのは、なんであなたはそこまで不快になったのか？　ということで。

中野　自分は化粧しないのにね。

三浦　女性が化粧をする姿を見て不快になるということ自体、すごい現代的なことですよね。だけど、ものすごい不快ってねえ……わざわざこっちの様子を見て憤慨するというのはなんなんだと。

中野　女の舞台裏を見たくない、みたいな人いますよね。あるいは、してはならないとされていることをしている女に対するむかつきみたいなのもあるかもしれない。

三浦　あと、「俺が男扱いされなかった」というやつかなと。俺の前で化粧するなんて、という。

中野　それもあるなあ。

三浦　俺は対象外なんだなっていう怒りかもしれない。

中野　それ面白いな。だって、対象外に決まっているじゃない。何で対象だと思うんだっていうね。

三浦　だから、男として見られなかった、あっけらかんと女をやられたっていうのもあるのかなと。

中野　私、あまり攻撃的じゃないやつには遭ったことがある。電車の中で髪の毛を直してたときかな、イヤリングの位置を直してたとかかも。そしたら側にいた男の人が、やっぱり降り際に、「そんなにしなくてもかわいいから大丈夫だよ」って言われたの。ぎょっとした。

三浦　ぎゃっ。そりゃそうですよね。
中野　あのね、あなたに見せてないわと思って。そんなに攻撃的じゃないから、それほど嫌な気持ちにはならなかったけど、でもすごいびっくりした。そんな関係値で見られていたのかと思って。
三浦　おまえ誰だよっていうことですよね。
中野　そう、あんた誰状態。どちら様ですか、だよね。
三浦　女の人が外見を気にしたり、いろいろ繕ったりする理由は別に赤の他人からそんな距離つめられるためじゃないですからね。
中野　違うよね。痴漢問題とかもそれに近いのかもしれない。ちょっとアピーリングな格好をしていると、おまえが誘ったんだみたいなことを言う人がいるけど、そんなわけないじゃない。何で自分に向けて発せられたと思うんだろうと思って、すごいそれは不思議。あれは性差があると思う。
三浦　男性ってあまり自分が見られていると思ってないんですかね。
中野　あるいは自分たちは干渉する側、メッセージを与える側というのを何か教えられて育つんですかね。分かんない。

何なら女性だって性的対象を見ないことはないんですよ、当然。女子同士であの人すてきだねとか、私たち趣味がちょっと違うねみたいな話になったりすると思うんだけど、でも、それにしても、男の人のほうが対象と近いマインドを持ちやすいのは謎。

「倫」は必要か

三浦　私たちは世俗的な国家に住んでいるようでいて全然自由じゃない。不倫についていえば、自分は貞節を守っているのに不公平だという不倫バッシングばかりが目立つけれど、でも、だったら、あなたも「倫」を捨てて生きればいいじゃないかと私は思うんですけど。

中野　それはもうおっしゃるとおり。完全にそのとおりだと思うわ。

三浦　相手を罰する形でしか「不倫問題」を解けないというのは、中々しんどいものがあります。いわゆる契約の確認というか、そういう意味合いの一筆を求める場合がありますよね。だけどね、念書ほど意味のないものってないと思うんですけど。

中野　念書か。何のために書かせるんだろうな。

三浦　そう。慰謝料を取ろうみたいな話なら、不倫を認める念書ってもちろん大事なんですけど、でもたいていは離婚するつもりがないのに書かせる。示しをつけてやらなきゃとかってことなんでしょうけど、書かせる側の情念というのも怖い。ここは分かってはいたとしても書かせざるをえない情動があって、それが人間というものなんでしょうけれどもね。

中野　でも、その感想をちょっとほかで言いにくいというのも「倫」の中にある気がする。日本では、バレたらいけないものが「倫」って言ったらいいのかな。

三浦　バレたらいけないものが「倫」ね。

中野　もうちょっと深い言い方したいね。集団のルール、集団の了解、破ってはいけない了解事項があって、その了解事項であるはずのものを破ると、おまえ何だっていうことになる。それは正義とかじゃない。

三浦　だからこそ日本においては、タブーというのは、人目を含んでのタブーなんですよね。例えば「卒業」みたいなテーマで、女教師と若い男子生徒の恋愛物というのは万国共通に刺さるんだと思うんですけど、その反応が違うというか。宗教色が強い国では宗教に反した、倫理観に反した意味での不倫へのタブーがある。だからこそ燃えるということもあるでしょう。日本も社会道徳に反した不倫だから燃えるということもあると思うんですけど、変な許され方もあるじゃないですか。そう考えると「不倫」という名がついていても、ほとんどのものは社会的規範を巡る話にすぎないんだなというのはよく分かる。

中野　本当にそうだね。愛人に走っても何も言われない人もいるもんね。いったんは叩かれても、その禊がすめばお咎めなしとかね。確かに全然責める気にならない不倫もある。あれだけの人はモテてもしょうがなくね？　とか、あんだけ経済力あれば奥さん10人ぐらいいても別にいいわって思うような人ね。

三浦　なぜか許される不倫もあるわけですよね。

中野　だからこんなこと、早く当たり前にしましょうよって思うんだけど、でもそう言うと、今結婚していて、独占したい方というのはいるでしょうから、そういう方の気持ちをざわつかせちゃうんですよね。

　サルトルとボーヴォワールの大失敗の契約結婚、あったでしょ。あれだってサルトルだけが自由で、ボーヴォワールはすごい苦しみましたからね。男に都合のいい契約結婚で、ああいうのを是とするか否かと言ったら、やっぱり犠牲になる方はいるよねとは思っちゃう。不倫万歳って言うと、苦しむ人の気持ちを分かっているのかという感じになるだろうし、その辺のバランスの取り方が難しいなというところはありますよね。
三浦　それはそう。縛らない結婚というのがあり得るかということですね。
中野　これまでの知恵としては、それは見せない、見ないことにして処理するという方法があったわけですよね。みんな知っているけど、でも、あげつらうことはせずに、了解事項としておこうよという。あっちの人は「外の奥さん」、みたいなやり方があった。「外のいとこ」って呼ぶとかね。
三浦　「外のいとこ」か。
中野　それが何で許されたかというと、経済的な庇護が与えられたとか、トレードオフで得るものがあったんですよね、「外の人」にも。正妻の立場はないけれども、義務からは解放されているとか、経済的にはそんなに不自由はさせないとか。けど、男性側も余裕がなくなってきて、あるいは「外の人」というのがちょっと言うのをはばかられる時代になってきたというところもあるんでしょう。社会が貧しくなってきたんですかね。別にお金持ちが不倫しなくなったって意味ではないけれど。
三浦　椎名林檎さんと宇多田ヒカルさんがデュエットしている「二時間だけのバカンス」ってあるじゃないですか。あれが『VERY』妻に刺さったみたいな記事がありましたけど、それこそ2時間の非日常を過ごして帰ってくる的なものもあれば、結構のめり込んで離婚してしまうみたいなパターンもあるし、千差万別と言えば千差万別ですよね。

ただ、女性でも自活してる人は男性的な不倫をするのかもしれないですけど、そういう人たちも誰かに支えられた自我と経済というのはあるわけでね。夫に精神的に支えられているわけでしょう。

中野　確かにな。女の不倫って、経済構造が男とはちょっと非対称なので、女性の方が立場とか経済力が弱くて、男性側の経済力や社会的地位の恩恵と引き換えにというパターンがかなりの割合を占めていると思うんですけど、そうじゃないパターンもありますよね。

具体的な名前を出さずに説明するのは難しいんだけど、美術業界って女性がイニシアチブを取っているところが割とあるんですよね。ギャラリーとかね。そうなると若い男性アーティストが自分を売り出したいっていうときに、性的関係も辞さない、みたいな子もいるわけですよ。立場とか力のある女性に覚えめでたく会っていただくために。

三浦　ふうん。

中野　そういう場合、女性も既婚者だけど、若い男の子ともつき合うみたいなふうにね、なるんだけど、そういう不倫のことはあまり話題にならないですしね。

騒がれる不倫とそうでないものを考えると、受け手側が自分の損失と重ね合わせられるような事件のときにバッシングが激しくなる気がしますね。そうじゃないとさして叩かれなかったりするのかなと。いかにもしていそうな人がしていると、誰も傷つかないというか、別に大丈夫ということなんですかね。

もし中野信子と三浦瑠麗が不倫したら

中野　もしこれで私たちが不倫なんかしたら世間の反応ってどうなるだろうね。みんなすごい楽しんで叩いちゃうんじゃないかと思うけど。

三浦　叩きますよねそれは。別に謝らないと思うけど。

中野　瑠麗さんの会見とかあったらうっとりしちゃうかも。そそる。変な言い方かもしれないけど、喜ばれると思う。騒ぎたくてうずうずしてる人に。どういう人を選ぶのかはみんな興味あるだろうな。

三浦　中野さんの場合は？

中野　そうだね、私の感じと瑠麗さんの感じはちょっと違うかもね。夫がうちは貧乏なので、そういうのもあるかもしれない。私のほうが立場が強いみたいな夫婦だとどうなんだろうな。

でも、共通しているのは、2人とも別に不倫をそんな悪いことだと思ってないという。

三浦　配偶者との関係の問題につきますよ。「世間」は関係ない。そういうことがあったら何なの？　みたいなね。

中野　もちろん社会制度として、結婚に一定の意義はあるんだろうということは理解はしているけれども、それに人生を縛られないといけないと思っているほどは堅くないというところですかね。

三浦　まあそうですよね。あなたの問題じゃないでしょうっていう。そもそもどういう叩かれ方をするのかしら。

中野　何だろう、子供さんがいるのにみたいな叩かれ方かな。ちょっと謝るんだけど、本当は謝ってないよねみたいな感じで、1年ぐらいそれで燃え上がると思う。

三浦　あと、けっこうフェミニストにも「ふしだら」批判は存在すると私は読んでいるんですよ。女性なのに。

中野　女性だね。男性のほうはオレにもチャンスがあるとか思うと思うからきっとそんなに非難しない（笑）。ただ、女の人が言うとしたら何だろうな。「私だって遊びたいのに」みたいな潜在的な気持ちを持っている人が叩くかな。

三浦　男性にもふしだら批判はたくさんありますよ。だって日々くるもの。着てる服へのいちゃもんとか。あとは、前に中野さんがおっしゃった、いわゆる「理想型の家族」を維持することが自分の生活や人生の安定につながると思ってる人。結婚を壊したという批判ね。とりわけ相手方に家族がいた場合。

私は、女性は権力を振るわない存在だとは思ってないのです。家庭の中で女性はしばしば子供や、あるいは夫に対しても権力を振るうことがある。でも、旧世代は家庭の外において圧倒的に弱者だった。私自身は自立して生きている女性ではあるけれども、まだまだ旧世代の中で生きているという感覚がある。外の世界は恐ろしいもので暴力に満ちているという感覚があります。新世代になれば、そういうものからもう少し自由な生き方ができるはずなんじゃないかなって思うんですね。私は過渡期の世代というか、人間なんじゃないかな。男女関係の取り結び方一つとってもね。

中野　そうかあ。

三浦　上野千鶴子さんは前に言った相談コーナーの回答なんかを見ると、男性にコミュニケーション能力の向上を求めてるわけですよね。それはある程度モテる人の態度なんですよね。でも女がすべて望まれる存在でもないし、男に限らずそこにはモテ／非モテの問題が横たわっている。そこはちょっと上野さんの姿勢がフェミニストの中でも少数派になってしまう部分なのかなと。

中野　そういう意味ではそうかもね。

三浦　だから、女性の地位向上を目指す人たちの多くが結局家庭を、貞節を、守る方向に行かざるをえないのは当然のことなんではないかと思うのですよね。それは総体として産む性である女性が食いっぱぐれず男性の協力を得られるための論理なんですよ。ある種、一夫一妻制の導入によって弱い男が守られたときと同じ論理。

中野　そうか、平たく言うと、今度は弱い女の権利を守れと。

三浦　でも、それってちょっと、リベラリズムの敗北だと思うんです。だって、家族を守ることによって、女性の総体としての権利を守ろうというのは、やっぱり後退じゃないですか。

中野　めっちゃ後退しているけど、面白いね。

三浦　だから、きっとフェミニストは、私が不倫をしたら喜んで叩くけど、でもそれは間違った叩き方になるんだろうなってことですね。

中野　すごい。ちゃんと話が戻ってきた。

一夫一妻制は女も守る

中野　不倫が何で今こんなに非難されるかというと、旧態依然の一夫一妻制みたいなものがまだあって、それはそもそも男性を守るためのシステムであったと。ところが、現在は反転して女性を守るためのシステムになってるから、女性からの非難が集中するんだという構造ね。

三浦　そうなの。

中野　納得感のある分析だし、実際、社会心理としてもそういう流れだと思う。

三浦　だから、選択的夫婦別姓をめぐる論点というのも、時代によって少しだけニュアンスが違う。今も昔もマジョリティの思いは圧倒的に女性が自分の姓を変えさせられることに対する反発なんですが、通称使用が定着したあとは少し変わってきたんじゃないかと。戸籍上の姓と「世間的にはこっちの姓」というように2つの姓を使い分けられるようになってきた。すると今度は、主張の中に少し保守的な何かが混じってきたように感じるんです。少なくとも一部の人は、実家に守られる権利というのを主張しているんじゃないですかね。

中野　どういうことですか。

三浦　例えば中国でも韓国でも夫婦別姓が基本って話、しましたよね。実は子供の姓は8割9割方、男性の姓に統一されるんですね。つまり、子供は男の家のものになる。妻はしかし子供と姓が異なる。日本では女性は夫の家に入らされるのですが、見方を変えれば……。

中野　「家」の一員になれるということね。

三浦　はい。ただ日本の妻たちは、「家」の中でたくさんの役目を押しつけられてきた。実家とのつながりはあまり保てないことも多かった。韓国の最近の女性の地位向上運動の中では、実家とのつながりというのがすごく強調されているじゃないですか。『82年生まれ、キム・ジヨン』という小説では、主人公は夫の実家には行かされるのに、自分の実家には行けないと嘆く。さらには、実家での息子と娘に対する差別的取扱いが主要なテーマの一つとなっています。私はあの小説で言われていることは理解するけれども、もっと夫婦単位で独立しているから、あまり情念としてそれを共有していないんです。「本来私は濱村家の人間だ」とか思っていないですしね。三浦家なる実体も結局のところ私でしかないし。

中野　そうなんだね。

三浦　そこに子供が夫の家につくのが当たり前、というような形で別姓を持ち込むと、実家とのつながりを強めすぎるんじゃないかと思うんです。ある程度、どちらからも家と距離を取るための制度的な工夫がないと、家同士の争いみたいなものに回帰しかねない。家制度が強化される部分もありますよね。

中野　確かに、前に言っていた「グレートリセット」ができなくなるね。

我々の前後の年代はけっこう「毒親問題」みたいなのが多いですよね。私たちの親が毒親だったということを言いたいわけじゃなくて、でも、親との関係が濃密すぎて困っている人というのはたくさんいる、その一つの解決策として、結婚というのはかなり有効な打開策なわけじゃないですか。夫婦別姓にしちゃうと、それがちょっとやりにくくなる。

三浦　私は選択的夫婦別姓の導入自体には賛成なんですけどね。ただ物事には両面があって、今の女性が本当に個として確立した男女の対等性を求めているのかというと、どうなんだろうと。意外と「家」に守られたり、1対1で結婚して互いの貞節を求めたり、というようにちょっと回帰している感じがして。

中野　若い人たちのほうが結婚願望があるというのもちょっと不思議な感じがしたんですよね。早いうちに結婚したいですっていう人も多くて、えっ、若いのにって言うと、いや、逆に今どきふうじゃないですかって答えが返ってきたりする。

三浦　そうなの？

中野　びっくりした。私なんて35まで結婚したくないと思っていたのに、何かすごいなと思う。

三浦　本当ですね。何ですぐ結婚したいんだろう。

中野　2人で過ごした方が経済的に楽なのかなとか思ったけど、そんな理由じゃないのかな。

三浦　それもありますよね。たまたま丸の内仲通りを週末歩いていて、結婚の夢ってまだものすごく生きているんだなと思うような撮影シーンに出くわしたんですね。ティファニーのショップの前で、男性が女性に向かって跪いていているシーンを撮っているんですけれども……。本当に花嫁さん、美しいんだけど、でも、やっぱりこれはしらふの状態で見ると異様だよなと思うわけですよ。

中野　確かにあの辺、街並みが美しいからか、よくウエディングの写真撮ってるカップル見るよね。

三浦　でも、もはやそれを信じられないというか、私はこんなに幸せな結婚をしているのに、それを信じられないというのは私がひねくれているのか。

中野　いや、真っ当な感覚だと思うよ。

一度の結婚で人生足りるのか

三浦　結婚に求められている「倫」、「不倫」の反対語としての「倫」というものの恐ろしさを分かっているということですよね、有り体に言うと。パートナーシップは好きだし、私はけっこう人生で恋愛をしてきた人間なのですが。

中野　そうなのか。

三浦　相手がいない期間があまりないタイプでしたね。割と愛情を注ぐ方だし。ただ、それと結婚において求められる「倫」はまた別だよという。

中野　それは別ですよ、世間的にはね。また同じこと言っちゃうけど、結婚という制度があまり人間に合ってないんだと思うんだよな。

三浦　うん。

中野　そんな何十年も一緒にいるってね。これって人間の平均寿命が40年とかの時代の制度ですよ。なのに私たち、何なら本当に120とかまで生きるかもしれない。

三浦　3回くらい結婚できる。

中野　うん。死ぬまで何回でも結婚できるわけですよね、言ったら。私今年47なんですけど、2040年になると65なんですね。この世代の人は100まで生きるのが5分の1という推定があって、瑠麗さんの年だともっと増えていると思うんだけどね。ということは、けっこうな割合で100まで生きるということは、結婚って言ったってどうするのっていう感じです。

三浦　年齢によって意味合いも変わってくるのかな。

中野　やっぱり結婚って、子育てを円滑に進めていくための共同経営みたいな部分はある。そこはプロジェクトみたいなものなので、プロジェクトが終わってもまだチーム解体しないのかよっていうつらさも出てくるかもしれない。相手のことが嫌いになるとかそういうのじゃないんだけど、何かほかに目を向けちゃいけないつらさみたいなね。

三浦　私は夫と死ぬまで添い遂げるだろうと思うし、自分自身はけっこう保守的だろうと思いますよ。フランス人みたいに次から次へと、今フィーリングが合っている、体の相性のよい人みたいなのを求めていく関係って、疲れてしまいませんかね。やっぱり子供がすごく大事だし、夫との3人の家庭は大切です。夫とは同志関係にあるしね。でも、それと、今どういう人と交友関係があるみたいなのは別にあっていいと思うんですよね。そこに何で世間から口出しされなきゃいけないんだろうみたいには思ってるかな。

中野　私もそう思う。そこは皆さんの知った話ではないと思う。

三浦　不倫報道の意味ってなんなんですかね。

中野　シャルル・フーリエの遺稿と言われる書があるんですけど、『愛の新世界』という異様な本で。これ、1人の人は何人もの人と性行為をするべきである、独占すべきではないというすごい本なんですけど、割とどんでもないことも書いてあって。子供が性愛を覚えていく相手は親族の中から選ばれるべきだっていうんですね。

三浦　フーリエってそんなこと書いてるんですか。

中野　めちゃくちゃなんですけど、フーリエが言うには、かつて人間というのは、年下のパートナーが年長の異性からいろいろなことを教わり、その人がまた長じたときに年若の人に何かを教えていくものだったと。そういう形で恋愛は受け継がれてきたのだというくだりがあるんですよ。

三浦　そういう説があるということ？

中野　そういう説があるんですね。これは確かに思考実験としては面白いなと思って。我々恋愛結婚が当たり前みたいな世の中に生まれていますよね。まあそのこと自体は人類の歴史の中ではイレギュラーなことですけど、それはさておき、我々は同世代ぐらいの人と結婚するのがいいというふうに思っているところがある。だからか、年の差婚とか年の差不倫に過敏というか、さかんに報じられたりしますよね。

でも、実は現代社会のほうが時代的に特異なのかもしれない。大物コメディアン夫妻の年の差婚もすごく話題になりましたけど、2人がどんなに愛し合っていても、外野はいろいろ言う。結婚の社会通念に合致しているかどうかで多くの人がすごく右往左往するんですよね。

想像もダメなのか

三浦　キリスト教だと「姦淫」は思っただけでも駄目じゃないですか。

中野　クリスチャンはそうなんだろうね。

三浦　思っただけでもアウト。他人の妻を欲してはいけない。でも日本人は「想像しただけでいけない」とは思ってないですよね。

中野　絶対思ってないね。

三浦　日本の場合、「思う」はOKだったし、何なら幻想としかいいようがないようなところまで対応する性産業だったりAVだったりゲームやらラブドールもある。妄想の部分は全然禁じられていない。場合によっては現実の行為でさえアングラでは許されているんですけど、ただ、大っぴらになると社会道徳的に罰せられる。ところが、新しい兆候としてはそういうのもダメという人が出てきた。

中野　性産業を許さない、みたいなのね。

三浦　鈴木涼美さんは、こうした問題ではなかなかない視点を貫いていますよね。明らかに搾取の構造が存在すること、業界で働くことが危険でリスクの大きな選択であることをきちんと指摘した上で、女性を単なる被害者像に押し込めない。よく、彼女は自分を卑下するんですけど、その上でそうしたものの存在まで許さないような態度に対してはきわめて批判的。彼女からしたら、存在を許さないって、あなた何様なんですかというところなんですけど、それよく分かるじゃないですか。

中野　それはごもっともですよ。

三浦　潔癖主義を持ち込むのは無理ですよ。人間の欲望を作りかえるというのは神にだってできないんですからね。最近の流れの中で気になるのは、やはりアメリカ的な宗教観を持ちこんでいるところかな。でも実際のアメリカは性にあふれているんですけどね。そこはあまり知らない、という。

中野　例えば性産業に行った夫を許せない……みたいな人はそういう場合、自分のルサンチマンと社会の問題を切り分けられてないのかな。それだとむしろ本人がつらくならないかな。自分を縛っちゃうと。

三浦　それはむしろ嫌悪感と憎しみですよね。憎しみに囚われて夫を罰し続ける人もいます。

中野　家族みんながつらいよね。

三浦　付き合っている女性の服装を「お前は娼婦みたいだ」と言って罰し続けるＤＶ彼

氏とそんなに変わらないですよ。倫理主義的アプローチを自分の子供に押しつけるのは母親が陥りがちな問題の一つです。虐待になってしまう事例もあります。

中野　それは倫理としてどうなのかな……性的倫理を説きながら、そのことが子供への虐待になってしまった場合。

三浦　だって、そんなこと言ったら、性行為そのものも汚らわしいってことになりません？

中野　そうなんだよ、全くそのとおりなんだよね。女を物のように扱ってと言ったら、じゃ、あなたに向けられる欲望はどうなるの？　みたいな話になっちゃう。人権を擁護しているようで、人権を無視しているんですよね。そういうダブルバインドって、もはやモラハラなんだよね。

三浦　子供を作るための行為であり、それ以外はすべて汚らわしいという極端な見方にはまってしまうと、子供を守ることなんだというフィクションのもと、ありとあらゆる干渉を行ってしまえることになる。夫に対してもそうですね。欲望はそもそも良くないことで、子供を作るためだけに必要とされていることだと思えば、相手の妄想や行為を全て禁じ、管理することが許されるロジックが生まれてしまう。ギスギスとした男女関係、とりわけ夫婦関係には、おそらく礼節がないんですよね。礼節がないとどんどんお互いにつらい言葉や行為をぶつけ合ってしまうというか。つっけんどんな物言いをしないというのは大切なことですよ。

中野　礼節ってすごくいい言葉。礼節みたいなバッファーがないために、どんな相手でも、たとえ夫婦であれ——かえって自我も危うくなることがあるし、相手に対しても非常に失礼な行動だったり傷つけるような行動に出たりすることがすごくあって……そこは教養だったり知性だったり、そういった教育の蓄積も関係しているんじゃないかっていろんな例を見ていて思うことがある。

三浦　というと？

中野　うーん。なんと言えばいいのかな。発達段階において、あまりその部分を鍛えることができなかった人がいて。多分に脳科学的な説明になってしまうけれど、思春期って実は脳が大きく再構成されるような時期に当たっているんですね。その時期に、自分で自分を外から見る目とか、他人との間にこれぐらいのバッファーを取っておきましょうみたいな部分が養われるわけです。そういう働きを持つ脳機能部位があるんだけども、これが思春期に適切な刺激が入らないとか、あまり経済的に豊かでないとか、虐待に近いような目に遭ってしまうことによって、発達しなかったり脳に不可逆的な損傷を受けるという場合があり得るんです。そういう場合、自分を見る目がうまく作れないということがあるんですよね。

三浦　ああ……。

中野　脳にできた傷の部分を、あとから性的なパートナーによって埋めようとする人が時々いる。その場合、そのパートナーはいわば親代わりのように使われるわけですよ。他人との距離感が適切でないから。でもその親代わりに使われてしまうパートナーだって、最初の燃え上がってドーパミンがいっぱい出てるうちはいいけれど、ドーパミンも3年もすれば枯渇するわけ。親代わりなんてとてもできないですよね。

三浦　それは逃げ出すかもしれないし、不倫に走るかもしれない。

中野　だいたい、パートナーが辟易するような状態につながっていって、関係が崩壊してしまう……しがみつけばつくほど相手が逃げていくという現象をしばしば見ますけど、そういうふうに原因が発達段階だったり脳の器質的な問題にあったりすることもあるんですよね。

倫理の網の目

中野　倫理って多分、言い出すとかなりの場合、モラハラ問題に行き着くと思うんですよね。モラルに則らない行動を取ったということで、どこまでも責められちゃうから。あらゆる人が、責められる、追い詰められる、何らかの理由を持っている。みんな、生きている時点でモラルに反することが何らか生じるから。絶対に人に迷惑かけないわけがないし、自分のやりたいことを通せば必ず誰かが影響を受ける。影響を受けていなくても、息しているだけでも「俺の空気吸っただろう」って反論されるかもしれない。

三浦　2020年の末に出た『同意』というフランスの女性編集者による自伝的作品があるんですよね。フランスで少女の性的搾取の問題を提起した本として話題になったんですけど、Gという小児性愛者の有名作家とつき合った14歳のときの記憶を、女子の側から書いているんです。で、このGがめちゃくちゃウザい。しかも年齢や立場による優位性を利用して女の子たちを次々と転がしていく。だからどんどん報復してやれと思わんでもないけど、書かれているのは、私たちがいろんな失恋とかで経験していることとパラレルなんですよね。自分が見込んで信じた男は「真実の愛」なんか持ち合わせてなくて、単なる性愛どろどろの男に過ぎなかった、みたいなことは。論点はまず14歳という年齢を性的に搾取することは許されるのか否か、ということで、それは現代では許されないでしょう。でも、もっと普遍的な問題にもつながっているんです。
中野　ヴァネッサ・スプリンゴラの作品か。というと？
三浦　つまり、性愛なのか恋愛なのかみたいなことで言うと、それって常に微妙だということです。妻との性行為でさえ、やっぱり搾取的なものとか侵食的なものというのはゼロにはできない。それどころか、それがなくなったら恐らく性行為のないカップルになってしまう。その性愛の微妙さをことごとく剝ぎ落としにいこうとしているのが今の時代なんじゃないですかね。「正しいセックスの仕方」みたいなものがこの世にある前提になっていて。
中野　なるほどな。
三浦　ぜひ読んでいただきたいです。告発的な姿勢を持つ本としては先ほど挙げた小説『82年生まれ、キム・ジヨン』とかもそうですよね。もっと文学性が高い作品という意味では林奕含《リンイーハン》という台湾人作家の『房思琪《ファンスーチー》の初恋の楽園』というのがすばらしいです。13歳で塾教師にレイプされた女性の末路を描いた作品で、実話が元になってるんだそうですけど、この本の刊行直後に著者は自殺してしまって。

この本には性愛と恋愛の微妙さが描かれています。恋愛を求めて、かつ、性愛にも惹かれた少女が絶望して精神を崩壊させる様というのを物すごく残酷に描いている。これは本当に文学作品としての力がある。救いはないんです。先ほどのヴァネッサとか、アメリカで出てきた #MeToo 運動に感じる疑問は、じゃ、その少女も性愛に惹かれなかったのかということなんだけれども、それを指摘するのは当事者ですら無理。

中野　性的な発達も、結構個人差が大きいのに一律に社会的規範で縛ろうとするのは無理があるかな。

三浦　結局誰もが恋愛だけでなく性愛に引きずられていくんです。問題は人間は権力関係から逃れられず、恋愛にも性愛にも常に非対称があるということです。「恋愛なら良い」わけではなく「性愛だからだめ」なわけでもない。それこそ、可能性の話ですけど、性愛の中にこそ真実が宿っているかもしれないわけですよね。でも、そこを変にお砂糖衣でくるんで、結婚とはとか、恋愛とはとか、「こうあるべき」ってなると、影響は甚大です。それは結局のところ人間を殺すことになるんじゃないか。

中野　言ったら、私たちの文化圏の中だって、12、13歳になれば結婚していたという時代もあったわけじゃないですか。人間の発達なんてそんな何百年で変わったりしませんので。子供を産める産めないとかそういう問題じゃなく、性愛がわかるわからないで言ったら、充分わかる年代なんですよね。わかんない人ももちろんいるだろうが、それを人間の発達とかそういう基準ではないところで、これ政治的な基準って言っていいのかな、18歳とか16歳とかって決めるのって、ちょっとその方が乱暴で非合理的じゃありませんかねという感じはしますよ。

三浦　もちろんね、今まで文学界は小児性愛者に甘すぎたし、性的捕食者にむしろ名誉を与えてきたのはおかしいと思います。過去に同意なき性交をしたやつはことごとく追放みたいなのが一時期あってもいいと思うんです。でも、最近は、暴力どころか「力関係の差」があっただけでもうセックスするのは間違っている、みたいな風潮になっていませんか？　それって結局セックスの本質を見誤っている気がする。セックスの本質には明らかに権力関係があるわけで、それを全部取り除いていったら性愛なんか存在しないです。だからこそ信頼できる相手とのみセックスすることで自分を守る人が多いのであって、けっして本来のセックスが安全なものだからというわけではありません。

権力関係から一切自由なセックスしか本当のセックスではない、というふうになってしまったら、そのときの人間社会は監視社会なのではないかと思いますね。つまり、性行為のあり方が縛られ、場合によっては記録して暴露され、脳内の誰にも知り得ないファンタジーしか楽しめなくなったとき、人と人との関係ってどうなってしまうのか。

中野　それって貧しい社会よね。今私たちが生きている現実って、何か不毛地帯というか、倫理の網の目に乗るものってもう何も残らない。ざるに水を通すように流れてしまって、本当はその水のところが生そのもの、ライフだったりするのに。

ざるがあってもいいけど、ライフにちゃんと目を向けようというふうに思う。それを本当は老子は『道徳経』で言いたかったんじゃないのかな。「倫」があってもいいけれど、人間や生って実際にはもっと生々しいもので、そこを拒絶したり叩いたりするのではなくて、本当に人間を見るとはどういうことかということですかね。

三浦　いい感じの終わり方ですね。

おわりに

三浦 瑠麗

不倫はよくないものである。そうに決まっている。しかし、世の中からなくならない。ならばこそこそとやっていればいい。放っておくがいい。それなのに、なぜいい大人が2人して一冊かけて「不倫と正義」について語ったのかというと、それは不倫が愛と関わっているからである。

不倫はままならぬ私たちの人生から生まれてくる。思いのままにならぬ人生の喜びも悲しみも、欲望も嫉妬も、期待も落胆も、1人で引き受けられぬときに人は不倫に走るものらしい。自分という存在を再確認するための不倫もあれば、イマココから脱出するための不倫もあるだろう。つれあいが自分を顧みないことへの不満もあるかもしれない。時に他者に自分の姿を見出し、これこそが恋愛であると考える不倫もあろう。もちろん、不倫は「倫」に反するものである以上、それが世間に歓迎されることはない。しかし、不倫と愛にそれほど大きな違いがあるのだろうか。愛とは優れて神聖なもので、不倫とはその脇に咲くあだ花にすぎないのだろうか。

思い込んだときの愛はすさまじい。恋に恋して、相手の顔を思い浮かべてはため息をつき、物事が手につかない。しかしたいていの場合、そこで女が思い描くものとはそんな男に愛されている自分ではないかとも思う。だからこそ、と言うべきか、信頼関係を結んだはずの相手が離れていった時の怒りや制裁は大きい。離れていく側も離れていく側で、そんな相手と向き合えない器の小ささを露呈している。

要求する愛もある。「どんなに理不尽でも俺を愛せ」「私の愛に報いなさい」という愛だ。そこには、もはや物質的な権力関係を超越した支配がある。飲み込まれてしまえば恋愛に従事するだけでフルタイムジョブだ。

愛とは究極の形において自我がぶつかり合う暴力的な取っ組み合いであり、たいていの場合の不倫とは、その愛に「安全装置」をつけただけのものにすぎないのではないか。そう考えれば、実は不倫と結婚はよく似ているということもできる。まめだが節度のある不倫は破綻しにくく、礼節を保った情愛に基づく夫婦関係はなかなか壊れない。もちろん結婚の方が不倫よりよほど長続きしなければいけないのは当たり前だし、そこには

「家庭」や「同志関係」といったしっかりとした基盤があるものだ。ただ、それとは別の問題として、いわゆる愛が終わらない保証はない。それでも、私たちは愛を保証させようとして必死になる。恋愛の終わりから目を背け、相手との愛着を高めようとする。その過程で相手の身体の自由を縛ろうとする。

不倫を裁くという風潮は、おそらくそのような人々の失望から生まれてきている。人間はあまりにも愛の不均衡を、愛の破綻を目にしすぎているがために、永遠に続くと約束した結婚を破綻させかねない不倫というものを叩くのだ。つまり、赤の他人の不倫を裁く感情とは、その人の恐れであり、不安であり、嫉妬である。そして人間がつがおうとする社会的動物である以上、その運命からは逃れられない。

中野信子さんは脳科学者であるというだけでなく、人間の奥底に潜む不都合な感情にいたるまで解剖できてしまう人なので、おそらくはじめっからそんなことは分かっていただろう。理を突き詰め、相手を「ぐう」と言わせる指摘ができる人なのだが、そんな彼女に対話の相手として選んでいただいたことはありがたいかぎりだった。少しずつ異なる視点で、しかし同じような違和感について話しているうちに、毛糸の玉がどんどんほぐれて整理されていった面白さがあった。

私がなぜか目を開けたままで恋愛のぬかるみに足を取られそうな人間であるのに対して、中野さんの理性が専門知や頭の良さだけでなく、異質である自分自身を意識してきたこれまでの歩みによって形作られたものであることも、なんとなく感じ取ることができた。笑ってしまうほど違う一方で、シンとするほど響き合うところも感じる。よくよく考えてみると、女同士の打ち明け話ではなく社会への糾弾でもない形で、こうやって大人の女が2人まじめに「不倫」について議論するというのは、なかなかない企画だったのではないか。

と自画自賛したところで、果たして愛とはほんとうに報われないものなのかという問題について、最後に述べておきたいと思う。私の一番好きな歌人に、たぐいまれな才能を持つ和泉式部という人がいる。離れて暮らす夫がいたが、冷泉天皇の皇子2人と順に浮名を流し、世間から眉を顰められた。「あらざらむこの世のほかの思ひ出にいまひとたびのあふこともがな」百人一首でこの歌を目にした人も多いだろう。和泉式部がこのように命を燃やして愛した皇子たちは、必ずしも客観的には情愛深くはなかった。身分の違いも大きいが、そもそもが式部のような情熱や繊細さを彼らは持ち合わせていなかったのではないかと思う。つまり、式部がどれほど命を燃やそうと、それは無駄だった。

しかし、彼女が愛の生活を記した『和泉式部日記』は燦然と輝いて後世に残っている。愛は、心を傾けるという行為のみで価値があるのだと私は思う。人間の歴史は愛の不可能性を指し示しているが、それを知りつつも愛するという行為は無意味ではないのである。

中野信子　1975（昭和50）年生まれ。脳科学者。医学博士。東日本国際大学教授。東京大学大学院医学系研究科脳神経医学専攻博士課程修了。著書に『不倫』『毒親』など。

三浦瑠麗　1980（昭和55）年生まれ。国際政治学者。東京大学大学院法学政治学研究科博士課程修了。『シビリアンの戦争』『21世紀の戦争と平和』『私の考え』など著書多数。

Ⓢ新潮新書

949

不倫《ふりん》と正義《せいぎ》

著　者　中野信子《なかののぶこ》　三浦瑠麗《みうらるり》

2022年4月20日　発行
2022年5月25日　3刷

発行者　佐　藤　隆　信

発行所　株式会社 新潮社

〒162-8711　東京都新宿区矢来町71番地
編集部（03）3266-5430　読者係（03）3266-5111
https://www.shinchosha.co.jp
装幀　新潮社装幀室
図表作成　Atelier Plan
組版　新潮社デジタル編集支援室

印刷所　株式会社光邦
製本所　加藤製本株式会社

ISBN978-4-10-610949-2 C0230

価格はカバーに表示してあります。